"Dhagax iyo dab
Layskuma dhuftee
Kala dhawraay!
Wax ka dhigan qabiil
Qaran la dhex geshee
Kala dhawraay!
Ways dhinac wadnaa
Kala dhawraay!
Kala dheer labaduye
Kala dhawraay!"

—CALI SUGULLE.

MIDNIMO, MAANDEEQ, IYO MURAAYADDII JABTAY

MIDNIMO MAANDEEQ

iyo

MURAAYADDII JABTAY

MUXAMMAD YUUSUF

GARANUUG

Garanuug

Xuquuqda © Muxammad Yuusuf 2022
Xuquuqda oo dhan way dhowran tahay. Buuggan ama qayb ka mid ah lama daabaci karo, lamana tarjuman karo la'aanta idan qoran oo laga helo qoraha iyo faafiyaha.

Dhigaalka, naqshadaynta, iyo qaabeynta jaldiga: Muxammad Yuusuf.

Copyright © Mohammed Yusuf 2022
All rights reserved. No part of this publication may be reproduced, stored in any retrieval system, or transmitted in any form or by any means, including photocopying, recording, or other electronic or mechanical methods, without the prior written permission of the author and publisher.

Email icon created by IconMark - Flaticon.
Cover Image by DreamDigitalArtist from Pixabay.

Typesetting and cover design by Mohammed Yusuf.

www.garanuug.com
info@garanuug.com
garanuugbuugaag@gmail.com

ISBN: 978-1-8384008-5-9

MAAMUUS IYO HIBEYN

Kuwii naf iyo maalba u huray gobannimo iyo gumeysidiid.

SOOGAABISYO

SWT	*Subxaanahuu wa tacaalaa.*
SCW	*Sallallaahu calayhi wasallam.*
CS	*Calayhis salaam/ Calayhas salaam.*
RC	*Radiyallaahu canhu/*
	Radiyallaahu canhaa/
	Radiyallaahu canhum.
RA	*Raximahullaah.*
AHUN	*Alle ha u naxariisto.*
HALKUUN	*Halkaa uun ka eeg.*

TUSMO

Maamuus iyo Hibeyn	ix
Musbaaxa Taariikhda 1	1
Musbaaxa Taariikhda 2	15
Musbaaxa Taariikhda 3	29
Musbaaxa Taariikhda 4	49
War Yaan Laydin Dabargoyn	67
Adeege Bulsho	83
Hadda iyo Dan	97
Gunaanad	111
Raadraac	115

فَاقْصُصِ الْقَصَصَ لَعَلَّهُمْ يَتَفَكَّرُونَ ۝

Ka sheekee qisooyinka laga yaabee in ay fekeraane.

Buuggan yar waxaa lagu ururiyay dhawr maqaal oo ka tirsan taxanaha Dhambaalka Jimcaha, waxayna ku saabsan yihiin midnimada ummadeed, xorriyaddii lixdankii, qaranjabkii xigay, sida looga soo kaban karo, iyo sida aan qaran iyo qabiil isu qaadan karin.

XIV MIDNIMO, MAANDEEQ, IYO MURAAYADDII JABTAY

DHAMBAALKA JIMCAHA – 11

13 Shawaal 1441
05 Juun 2020

MUSBAAXA TAARIIKHDA 1

*"Taariikhdu waynoo musbaax maanka caawima e
Adoo male gudaayaad yaqiin marar ku gaadhaaye
Makaankaaga waa inaad taqaan meelba waxa yaalle,"*

—Xaaji Aadan Afqallooc: Ceerigaabo.

Jarmalku waa hoggaanka dhaqaale iyo waxsoosaar ee Yurub maanta ka jira, inta badanna go'aanka Yurub iyaga ayuu ka go'aa. 'Jarmalkaa lagu sameeyay' ayaa marar badan noqota xayaysiiska keli ah ee alaabi u baahan tahay. Maxay halkaa ku gaadheen? Maxaa keenay in saynisyahannada iyo mufakiriinta adduunka wax badan ka beddelay labadii boqol ee sano ee la soo dhaafay ay Jarmal u badnaadaan? Ma caqli badni ay dadka dheer yihiin ayay u dhasheen? Ma tab iyo xeelad gaar ah oo ka dambeysa guushooda ayaa jirta?

Siisar

Shan boqol oo sano ka hor dhalashadii Nebi Ciise CS, Yurub waxaa ka taagnaa calankii xaddaaradda Roomaanka. Nidaamkii boqortooyada waxaa beddeshay oo aasaasantay

Jamhuuriyaddii Roomaanka oo lahayd dastuur, baarlamaan ama sened, ciidan awood badan, iyo nidaam dimuqraadi u badan oo dabaqadda talada haysaa ay u codeeyaan arrimaha muhiimka ah, ee aysan hal qof taladu ku koobnayn. Waddammada galbeedku nidaamka ay hadda ku dhaqmaan iyo xataa sida aqallada laga maamulaa u dhisan yihiin, iyo xeerarkooduba Room ayay ka soo jeedaan. Waxbarasho, horumar dhaqaale, dhismayaal heer sare ah oo ilaa hadda taagan, tiyaatarro, goobo ciyaareed, bullaacado qashinka qaada, biyo socda iyo goobo lagu qubaysto, jidad ilaa hadda dhisan oo la adeegsan karo... iwm., ayay Room lahayd. Jamhuuriyaddii waxay markii dambe isu beddeshay Imbaraadooriyadii Roomaanka.

Sida lagu yaqaanno dadka markaa calankoodu taagan yahay ee xaddaaradda dabkeedu u shidan yahay, cid kasta oo aan iyaga ahayni waa 'gun cawaan ah iyo wuxuush (*barbarians*)', waana sidii ay Roomaanku u tilmaami jireen wixii ka baxsan degaanka ay iyagu ka taliyaan, oo aan xataa wada gaadhsiisnayn inta Talyaaniga maanta la isku dhaho!

Roomaanka waxaa waqooyiga ka xigay qabiillo ay cawaan u yaqaanneen oo ay si iskuduub ah ugu magacaabi jireen Jarmaani (*Germani*). Dadkani hal koox oo mideysan ma aysan ahayn e, waxay ahaayeen qabiilooyin aad u kala duwan oo iyaguba aan wax naxariis ah isu hayn, meelo kala duwanna ka yimid. Waa sida immika Afrikaan oo idil ay reer Galbeedku isugu qaadaan sidii Afrika ay tahay hal dal oo ay deggan yihiin hal dad.

500 oo sano miilaadiga ka hor (Mkh), Jarmaanigu wax xidhiidh ah lama aysan lahayn xaddaaraddii Roomaanka, xataa waxay isku magacaabi jireen lama aqoon, aan ka ahayn

magicii loola baxay. Xidhiidhadoodii hore waxay ahaayeen kuwo ganacsi ay Roomaanku khamro kaga beddelan jireen saan, dhogor, cambar, addoommo, iyo timahoodii caddaa (*blonde*) oo ay Roomaanka bidaarta lihi xidhan jireen.

Wax ay soo durkaanba, 58 Mkh waxaa qabiilladan qaarkood dagaal ballaadhan la galay janaraalkii hoggaaminayay ciidammadii Roomaanka ee halkaa joogay, waana dhulka hadda ah waqooyiga Talyaaniga. Janaraalkan oo ahaa Juuliyas Siisar (*Julius Caesar*), oo markii dambe Room isagu ka talinayay, iyo ciidankiisi ayaa halkaa ku xasuuqay qabiilooyinkii ku soo durkay degaankii ay Roomaanku haysteen, intii ka badbaaddayna webiga dhanka kale u dhaafiyay.

Siisar buug ayuu ka qoray dhacdooyinkan wuxuuna faahfaahin ka bixiyay qabiilooyinkii oo uu 'Jarmaani' u bixiyay si uu uga sooco dadyowgii kale ee meesha degganaa. Waxa uu tilmaamay in ay caabudi jireen qorraxda, dayaxa, iyo dabka, wax war ahna aysan ka hayn ilaah kale, sidii kuwii Roomaanku caabudi jireen. Waxa uu sheegay in ay yihiin ugaadhsato dagaalyahanno ah, haragga deeraduna uu hu' u yahay iyada oo jidhkooda intiisa badani ay iska qaawan tahay. Waxba ma beertaan, cuntadooda inteeda badanna waa cad, caano, iyo burcad. Qofna ma laha dhul u gaar ah, iyaguna ma laha degaan ay ku kooban yihiin e, weligood waxay ku hawlan yihiin in ay cid kale ku durkaan oo ay riixaan. Dhaca hantida dadka deriska la ahi waa u caadi, halka in martidooda lagu xadgudbaa ay tahay waxaan loo dulqaadan karin wayna difaacaan, oo ciddii u timaadda lama taaban karo waana ay difaacaan, aad bayna u marti sooraan. Waxay deggan yihiin kayn aan wax jidad ah lahayn—ayuu qoray.

Tilmaantan uu Siisar ka bixiyay dadkan uu 'Jarmaani' ugu yeedhay, waa mid aad ugu dhow dadka Soomaaliyeed lagana helayo qoraalladii ay gumeystuhu ka sameeyeen Soomaalida. Laakiin waxaa cad in Jarmaaniga hortood, ay Soomaalidu xidhiidh ganacsi la lahaayeen xaddaaradaha kale.

Soomaalidu waxay xidhiidh ganacsi la lahaayeen Masaaridii hore oo ay beeyada, malmalka, iyo waxyaalo kale u dhoofin jireen Faraacinadii Masar, kaas oo lagu wado inuu bilowday 3000 oo sano miilaadiga ka hor, ama muddo 5000 oo sano laga joogo. Intaan Roomaanka iyo Jarmaanigu isdhexgalin, badmareennadii Girigiiga iyo Roomaanka ee dhulka Soomaalida soo maray waxyaalihii ay ka tilmaameen waxaa ka mid ahaa: in ay yihiin xooladhaqato aan degaan go'an ku koobnayn oo reerguuraa ah, kuna dagaallama dhulka daaqa. Waxaa kale oo ay sheegeen inay qaanso iyo fallaadh iyo waran ku dagaallami jireen, maqaar xidhan jireen, caano dhiig lo'aad lagu badhxayna ay cabbi jireen.

Qoraaga *Periplus of the Erythraean Sea*, oo la qoray intii u dhexaysay 40-70 Miilaadiga ka dib, waxa uu xeebaha Soomaaliyeed ee Waqooyiga ku magacaabay xeebaha Berbera, halka kuwa Koonfureed ilaa Kiiniya uu ku magacaabay Azania. Magaalo xeebeedyada ku xusanna waxaa ka mid ah Saylac, Berbera, Ceelaayo, Raasal-fiil, Caluula, Xaafuun, Xamar, iyo Baraawe. Waxa uu tilmaamayaa in dhulkaa ganacsigiisu fiicnaa oo ay Carabta, Hindida, iyo Roomaanka u dhoofin jireen beeyada, maydiga, foolka maroodiga, iwm.

Halka magaca 'Jarmaani' uu Siisar markii ugu horreysay

adeegsaday, magaca 'Soomaali' markii ugu horreysay ee qoraal lagu helo waxaa adeegsaday Xabashida qarnigii 14-aad, wuxuuna ku jiray hees-libineed lagu ammaanayo boqorkii Xabashida. Labada magac ee 'Soomaali' iyo 'Jarmaani' adeegsigooda diiwaangashan wuxuu ku bilowday qoraallo laga qoray libin dagaaleed. Berigii hore, shisheeyuhu 'Berber' ayay Soomaalida u yaqaanneen, iyaguse waxay isu yaqaanneen lama oga.

Jarmaanigu waxay ahaayeen qabiillo dagaal-u-joog ah oo aan degaan ku koobnayn, walow ay Roomaanku ku dedaaleen inay xad uga dhigaan webiga Raayn (Rhine), oo wixii waqooyi ka xiga ay u aqoonsanaayeen cawaan aan xaddaaraddii Roomaanku taaban.

Roomaankii wax ay heshiisyo la galaan qabiilooyinkii, marna qaarkood xasuuqaan, ama isku diraan oo ay qaar hub iyo lacag siiyaan si ay qabiilooyinka Room diiddan ula dagaallamaan, ama dhahaan xaddaarad baanu idin baraynaa oo suuqyo iyo golayaal ay u sameeyaan, qaarna Room wax lagu soo baro— waxaa la gaadhay heer ay qayb weyn ka noqdaan Room, oo mar mid qabqablayaashoodii ka mid ahi uu siduu doono ka yeeli jiray, dilina jiray Imbaraadoorrada Room, sidii Meles Zenawi ka yeeli jiray hoggaan kooxeedyada Soomaaliyeed. Abbaara 526 Miilaadiga ka dib (44 sano ka hor dhalashadii Nebiga SCW), Jarmaanigii oo in badani Kiristaanoobeen awood badanna yeesheen, ayaa gacanta ku hayay Imbaraadooriyaddii Roomaanka qaybteedii Galbeed.

وَلَوْلَا دَفْعُ اللَّهِ النَّاسَ بَعْضَهُم بِبَعْضٍ لَّفَسَدَتِ الْأَرْضُ

Dhulkii Roomaanku ka talinayeen waxaa la wareegtay boqortooyo ka soo jeedda mid ka mid ah qabiilooyinkii Jarmaaniga ahaa (Franks, ama Ifranj waxa kutubteennu dhahaan) waxayna ku xidhnayd kaniisaddii fadhigeedu Room ahaa. 768 Mkd waxaa talada qabtay Shaarlamayn (Charlemagne) oo la dhihi karo wuxuu reer Galbeedka ugu jiraa halka Cumar ibnul Khaddaab RC ugu jiro Muslimiinta, marka la eego dhisiddii dawladdii Muslimiinta.

Maadaama ay Kiristaan ahaayeen, waxay gudagaleen sidii ay Jarmaanigii kale ee aan gacantooda ku jirin ee weli mushrikiinta ahaa, u soo galin lahaayeen diintooda. Qasab iyo seef caaraddeed baa kiristaan lagaga dhigay, qofkii diidana waxaa lagu xukumay dil. Waa 785 Mkd. Sannadkii 800 Mkd ayaa Shaarlamayn laga dhigay Imbaraadoorkii Roomaanka Galbeed. Waa nin asalkiisu yahay Jarmaanigii ay Roomaanku bahalaha u yaqaanneen, waxaana xarun u ahayd magaalo degaankii Jarmaaniga ah. Laakiin afka iyo nidaamka uu ku shaqaynayay waxay ahaayeen Laatiin, ee af Jarmal ma ahayn. Geeridiisi 814 Mkd ka dib, 30 sano oo dagaal, dhac iyo kala boob maamul, heshiis iyo heshiis burin, iyo fowdo ah ayaa ku xigay. Ilmo uu awoow u ahaa ayaana kala qaybsaday dhulkii, oo midi qaatay dhulka hadda Jarmalka ah kii kalana qaatay Faransiiska.

Wax ay giraantii taariikhdu socotaba, dhul ballaadhsina ay sii wadaan, weerarkii Tataarkana ay ka badbaadaan, sannadkii 1250 Mkd markii uu dhintay Feredhriggii Labaad, Jarmalku wuxuu ahaa fawdo iyo qas. Kooxihii kursiga ku loollamayay ayaa ciddii ay taageero ka rabaanba adduunka waxa yaalla u ballanqaadayay! 1257 Mkd ayaa boqorkii Ingiriiska ee Henrigii Saddexaad walaalkii, Rijadh

(Richard), la doortay ka dib markii laaluush tiro badan lagu bixiyay. Nin Ingiriis ah oo Faransiis ku hadla ayaa Jarmalka boqor ugu magacawnaa, 15-kii sano ee uu boqorka u ahaana dhawr jeer uun buu tagay dhulkii uu boqorka u ahaa. Mar baa jirtay ay boqorkii Ingiriiska iyo boqorkii Faransiisku u tartamayeen boqortooyada Jarmalka!

Taariikhda inteedii badnayd, 'Jarmaani'-gii degganaa dhulka hadda Jarmalka loo yaqaanno, waxay ahaayeen dad kala qaybsan oo lagu dul dagaallamo, sidii la rabana laga yeelo. Waxay ahaayeen, baan odhan karnaa, cambuulo carrab saaran oo cid walba ka adag tahay.

Markii Kiristaanku u kala baxeen Kaatoolig iyo Borotestan, marar badan ayay dagaallo isku xasuuqeen, dagaalladan oo in badani ay ka dhaceen goobo ka mid ah dhulka hadda ah Jarmalka. Waxaa ugu caansan uguna musiibaysnaa dagaallo socday soddon sano (30 Years War) oo ka bilowday meel ka baxsan dalkooda laakiin korkooda lagu dagaallamay laguna xasuuqay. Dagaalkan u dhexeeyay quwadihii Yurub xilligaa ka jiray, waxaa hoggaaminayay qabqablayaal dagaal iyo mooryaan ciidan u ahayd oo calooshood-u-shaqaystayaal ah, kuwaas oo ku noolaa baadda iyo cashuurta ay ka qaadaan beeraleyda.

Mooryaantaasi waxay isaga timid meelo aad u kala fog, sida Iskotlaan, Ingiriiska, Isbayn, Faransiiska, Finlaan, iyo Iswiidhan. Dadkii waxay ka dhigeen wax ay laayaan iyo wax ay kufsadaan, hanti wixii ay soo maraanna way qaadayeen. Waxaa lagu qiyaasaa in ay dileen ka badan rubuc ilaa saddex-meelood-meel (35%) dadkii Jarmalka ahaa.

Magaalada Maagdabeeg, sannadkii 1631 Mkd, maalin gudaheed ayay xasuuqeen, dadkeedii oo qiyaastii 20,000 ahaana ay ka reebeen 450 qof! Musiibadii dadka haleeshay waxay keentay in ilaa 80-meeyadii ilmaha Jarmalka lagu seexin jiray Iswiidhishkaa ku qaadanaya haddaad seexan waydo!

Markii heshiis loo fadhiistay, quwadihii Yurub waxay ku heshiiyeen in xalku ku jiro Jarmalka oo bilaa awood ah oo kala qaybsan. Waxaa unkamay qiyaastii 1800 maamulgoboleed, ilaa 50 magaalo oo madaxbannaan, iyo ilaa 60 imaaradood, oo isku ah "*Confederation*". Hal gobol baa wax ciidan lagu tilmaami karo lahaa: Baraandabeeg-Baraashiya (Brandaburg-Prussia). Dhulkaa sidaa u kala daadsani waa Soomaaliya badhkeed. Kala qaybsanaantii waxay keentay in doonni webiga Raayn maraysaa ay cashuur-xuduudeed bixiso lixdii mayl ee ay socotaba! Konfederaalku waa halka aqoonyahan Juxaa iyo kooxdiisu ay rabaan inay inooga raraan Federaalka hadda inna waalay.

Waxay ku jireen xaaladdaa gobollada kala madaxa bannaan ee mid walba amiir ama boqor ka taliyo, mana jirin dal Jarmal la dhaho ama dirsooc qarannimo Jarmal wixii ka horreeyay 1871 Mkd.

Faransiiska oo qarnigaasi u shidnaa ayaa u sarreeyay oo sidii ay doonaan ka yeeli jiray. Qaybta Bariguna Ruushka ayay ku hoos jirtay. Heer ayay joogeen boqorradooda qaarkood ay af Jarmalka u yaqaanneen af cawaan aan xaddaari ahayn, uuna ku faani jiray in uusan weligii akhrin buug af Jarmal ku qoran! Wixii loo keeno ee af Jarmal ku qoranna, intuusan akhrin baa af Faransiis loogu qori jiray.

Sannadkii 1871 ayay ka adkaadeen Faransiiskii oo ay Baariis qabsadeen. Waxaa la tirtiray konfederayshankii, waxaana halkaa lagaga dhawaaqay Imbaraadooriyaddii Jarmalka. Goobtu waa qasrigii boqorkii Faransiiska ee Fersaay. Wixii dahab yaallay Baariisna 'qaniimo' ahaan ayay u qaateen kaas oo dhaqaalihii Jarmalka cirka ku shareeray, laakiin markii uu dhammaaday, sidii buufin naqaskii ka baxay dhulka dhigay.

وَتِلْكَ الْأَيَّامُ نُدَاوِلُهَا بَيْنَ النَّاسِ

Heerkii qabiilooyinkii habqanka ahaa waxay uga gudbeen qarannimo qorshaysan. Haddii ay mar bayhoof ahaayeen, hadda waa dad caan ku ah waqti ilaalin iyo samaynta qalab tayadiisa iyo toolmoonidiisa adduunka caan kaga ah. Awood dhaqaale, dhaqan, iyo mid millatariba meel sare ayay ka gaadheen.

Labadii dagaal ee adduunkaba waa kuwii casharrada lama illaawaanka ah dhigay, ilaa ay sawaariikhdoodu Landhan garaacday, iyada oo aysan cid kale saaruukh haysan. Labadaa jeerna sida keli ah ee looga guulaystay waxay ahayd in la isugu tagay, ee dal keligii iska caabbin karay ma jirin. Waxay dal midaysan yeeshaanba, mar kale ayaa la kala qaybiyay oo labo dal laga dhigay, caasimaddoodiina gidaar kala qaybiyay. Dhanka Bari waxaa haystay oo ay ku hoos noolayd Midowgii Soofiyeed, halka Waqooyigu uu ahaa dal kale oo Maraykan iyo xulafadiisi hoos taga. 1961 ayay Soofiyeedkii dhiseen gidaarkii Baarliin. Mar kale ayaa Jarmalkii midoobay 03 Okt 1990. Waana markii Soomaali dalkoodi burburinayeen iyaga oo Itoobiya ka soo shidaal qaadanaya.

Dhul ahaan, Soomaaliya waxay ku dhowaad labajibbaar ka weyn tahay Jarmalka (Soomaaliya: 637,657 km². Jarmalka: 357,022 km²). Dad ahaanna, Jarmalkaa 5-jibbaar badan (83 milyan). Caluula ilaa Raaskambooni waa 1,800 km, halka Istanbuul ilaa Baarliin ay tahay 1,700 km.

Waa immisa dal?

Dad intee le'eg ayaa ku nool?

Waa caado aadanuhu leeyahay inay sooyaal iyo sinji isugu faanaan. Laakiin aabbahay baa geel leh anigaa dameer leh baa dhaanta. Qabiilka aynu halkaa la fadhino, markay Jarmalku durbaankiisa tumeen, ee ay dhaheen Aaryan nasab ah oo sharaf leh baanu nahay, ciddii aan ahaynna waa nijaas iyo gun ay tahay in taranka laga dhowro loona taliyo, waa kuwii adduunka rogay ee iyagiina dukumdaakum laga dhigay. Waa sheekadeennii: annagu reer hebel gob ah baanu nahay inta kalana waa gun waana inaanu u talinnaa.

Gabagabo

"Xarbaa lagu kasbaa gobannimiyo hawl xanuun badane
Sidii loo xafido baa ka adag in aad xoraysaaye
Xukaan daacadiyo waxay rabtaa xaqiyo miisaane
Iyo shicib xayaatad u socdoon hawsha xaasidine
Ummaddii xaglaha laabatiyo nacas xerayn waaye
Xoog waa in dawladi tahoo xoolo leedahaye
Waa inay xanuunkiyo jahliga kaga xoroobaane

Waa inay ku xeel dheer yihiin xaalka dibadaade
Waa inay ninkii xeelad wada xidhi karaysaaye."

— Xaaji Aadan: Gobannimo Xarbaa Lagu Kasbaa.

Haddii Jarmalku cawaan ahaan jireen, maanta waa culimo cilmi adduun loo hoos fadhiyo. Soomaalina haddii ay ganacsato ahaan jirtay Jarmal hortood, maanta waa gaajo gacanta hoorsata. Soddonkii sano ee la xasuuqayay mid ka sahlan baa inna soo maray, kala-daadsanidii ugu xigtayna waa innagaa ku dhex jirna maanta. Markii Jarmalku ay midoobayeen si ay Faransiiska isaga dhiciyaan, 1884-1886 odayadii Soomaalida Waqooyi talada u hayay iyaga oo aan waxba kala ogayn ayay heshiis gumeysi la saxeexayeen Ingiriis.

Ujeeddadu waa: dhibta inna haysata waa la soo maray, waana laga gudbay e, yaan la niyadjabin, aynuna dedaalno oo danteenna u dhabar adaygno.

من أبطأ به عمله لم يسرع به نسبه

Guusha Jarmalku dhalasho ma aha e waa dedaal. Waa dhaqan iyo dhabbo ciddii qaaddaa ay guul ku gaadhayaan. Wax badan oo aan Jarmalka ka akhriyay, guushooda iyo guuldarradoodu waxay ku wareegayaan midnimo iyo kala qaybsanaan, awood iyo awood yaraan, habqan iyo hannaan ku socod, ... Hadda waa dad heegan u ah dantooda, aanna ka caajisin ka midhadhalinteeda. Mar kasta oo wixii ay dhisteen ka kala daatana, iyaga oo aamusan bay dib u dhistaan. Waxaad mooddaa inay si fiican u dhaqangaliyeen labadan xadiis ee Nebiga SCW:

احرِصْ على ما يَنْفَعُكَ، واستَعِنْ بالله ولا تَعْجَزْ

Ku dedaal wixii ku anfacaya, lana kaalmeyso Alle, hana ka caajisin.

إنَّ اللَّهَ تَعَالى يُحِبُّ إِذَا عَمِلَ أَحَدُكُمْ عَمَلاً أَنْ يُتْقِنَهُ

Ilaahay wuxuu jecel yahay in marka midkiin uu hawl qabanayo uu u qabto sida ugu fiican.

"Maskaxdiyo maankeenna iyo muruqa oo raaca
Oo aan kala maqnayn waa inaan midho ku beerraaye
…
Marka hore heshiis iyo midnimo galiya maankiinna
Inaad meel u wada jeesataan galiya maankiinna
Muraad qudha inaad leedihiin galiya maankiinna
Midigta iyo bidix inaad tihiin galiya maankiinna
Mataan iyo walaal inaad tihiin galiya maankiinna
Marna inaydan kala maari karayn galiya maankiinna
Inaad dawlanimo muujisaan galiya maankiinna
Mar inaan la wada gaadhi karin madax la qiimeeyo
Oo uu marba mar ku xigo galiya maankiinna
Masaawaad in loo wada tashado galiya maankiinna
Muwaafaqo inaad yeelataan galiya maankiinna
Inuu muranku halistiinna yahay galiya maankiinna
Mintidnimo in loo baahan yahay galiya maankiinna

Maqaam fiicanoo lagu gamciyo meel xun labadooda
Halkaad maanta geysaan inuu magucu oollaayo
Ood ka wada masuul noqonaysaan galiya maankiinna."

— Jaamac Kediye: Masaawaad.

$$\text{إِنَّ اللَّهَ لَا يُغَيِّرُ مَا بِقَوْمٍ حَتَّىٰ يُغَيِّرُوا مَا بِأَنفُسِهِمْ}$$

Alle ma beddelo xaaladda (barwaaqo iyo belaba) dad ku sugan yahay ilaa ay iyagu beddelaan xaaladda nafahoodu ku sugan yihiin (dhaqankooda)

"Ama aynu xugnaanoo sidii xoon shinniyeed hadba xayn ha la aaso."

— Axmed Qonof: Xagga Loo Kici Maayo.

MIDNIMO, MAANDEEQ, IYO MURAAYADDII JABTAY

DHAMBAALKA JIMCAHA – 13

27 Shawaal 1441
19 Juun 2020

MUSBAAXA TAARIIKHDA 2

"Taariikhdu waynoo musbaax maanka caawima e
Adoo male gudaayaad yaqiin marar ku gaadhaaye
Makaankaaga waa inaad taqaan meelba waxa yaalle,"

—Xaaji Aadan Afqallooc: Ceerigaabo.

Jimcaha soo socdaa waa 26-kii Juun iyo sannadguuradii lixdanaad ee xorriyaddii laga qaatay Ingiriiska iyo imbaraadooriyaddii ay madaxda ka ahaayeen.

Maanta siyaasaddeenna waxaynu ku salaynaynaa oo aynu ku wada hadlaynaa, in aan nahay labo qaybood, innaga oo dooddeenna sal uga dhigayna in gumeysigii Ingiriis iyo Talyaani ay dhulkeenna kala qaybiyeen ayna tahay in aynu qaddarinno taas!

Aadane intuu joogay waa la ismuquuninayay, hadba kii taag leh ayaana laga dambeeyay. Waa tii Xaaji Aadan lahaa:

"Taariikhda bini aadmigee tirada weyn gaadhey
Wixii taliyey xoog buu ahaa taniyo Haabiile
Marna lama taxgelinayn daciif toog la joogaba e
Weli taqiya sheekh taa'ib ah iyo Nebi tansiil keenay

Midna looma tudhin inaan warmaha lagaga tiinbayne
Sharcigaan quwadi tiirinayn meella tegi waaye
Wax taxaaba diintiyo cadliga toobigaannada e
Gartaan moote taageerahayn tororog weeyaane
Ta qudhay maqlaan waa madfaca maaha tooy hadal e
In kastuu mabda'u toosan yahay tamar hadduu waayo
Waxba cadawgu kaagama taro' e taadu waa madhan e
Xaqaan taag lahayn lama helo iyo toogo kaa dhiman e
Tuuryaaba lala gaadhayaa teenna qaar maqan e."

—Xaaji Aadan Afqallooc: Taariikhda Aadmiga.

Ingiriis haddii uu mar awood lahaa oo uu dhulkeenna xoog ku haystay, isba mar baa jeedalku saarnaa oo la gumeysanayay. Bal aynu Ingiriis iyo meeshuu ka yimid isla yara eegno.

Dhulka

Dalka Ingiriisku (England; 130,395km²) dhul ahaan ku dhowaad shan jeer buu Soomaaliya ka yar yahay, waxaana ka weyn Buntlaan ama Soomalilaan, waxaana deggan dad tiradoodu gaadhayso 56 milyan oo qof.

Qarnigii 5-aad ee miilaadiga ka dib (Mkd) markii ay dhacday Imbaraadooriyaddii Roomaanku, ayaa qaybo ka mid ahaa qabiilladii Jarmaanigu ay duullaan ku soo qaadeen jasiiraddan oo magacyadeedii hore ay mid yihiin Alba iyo Biritan.

Labo qaybood ayaa ugu badnaa: Saaksan (Saxon) ka tagay waqooyiga meesha hadda Jarmalka ah, magaceeduna ahaa Saaksani (Saxony). Degaannadii ay degeen ayaa magacyadoodii weli laga arkaa: *Essex* (Saaksan Bari), *Middlesex* (Saaksan Dhexe), *Wessex* (Saaksan Galbeed), *Sussex* (Saaksan Koonfur). Qaybta labaad waxay ahaayeen Angal iyaguna isla dhankaa ka yimid, waana halka magaca Ingland iyo Ingiriis ay ka yimaaddeen. Sidan si la mid ah, ayaa Ingiriiskii Maraykanka tagay markii dambe ay magaalooyinkii ay samaysteen ugu magacdareen kuwoodii hore, sida New York oo ka timid York oo hadda Ingiriiska ku taalla.

Dhulka waxay ku qabsadeen xoog iyo xasuuqii dadkii degganaa ee ahaa Biritishkii hore, kuwaas oo u guuray dhulka buuraleyda ah, halka intii dhul beereedka ahaa ay kuwan dambe la wareegeen. Londhiniyam (Landhan), oo Roomaanku dhiseen, waa laga qaxay waxayna noqotay cidla' maadaama ay Saaksanku weerar ku qaadeen.

Saaksanku waxay ahaayeen mushrikiin, waxayna tirtireen dhaqankii iyo sharcigii Roomaanku ka tageen, iyo weliba diintii Kiristaanka ee ay meelaha qaar Roomaanku ku faafiyeen. Waxayna hirgaliyeen dhaqankoodii, diintoodii, iyo weliba afafkoodii.

Bulshadii Biritishka ahayd ee la qabsaday ma lahayn hoggaan isku xidha iyo ciidan awood ku difaaca toona, waxayna noqdeen la-haystayaal la addoonsado, dumarkoodiina xaasas baa laga dhigtay.

Abbaaraha sannadkii 600 Mkd, jasiiraddani waxay ahayd meel afaf badan lagaga hadlo, diimo kala duwan ka jiraan, dadkeeduna ay meelo kala duwan ka kala yimaaddeen.

Dhammaadkii qarniga, waxay isugu urureen kooxo ballaadhan oo boqorro leh. Saddex boqortooyo oo Jarmaani ah oo waaweyn iyo dhawr yaryar ayaana samaysmay.

Boqorradaa waxaa ka mid ahaa Ethelbeert oo boqor ka ahaa dhanka Faransiiska xiga. Walow uu mushrik (pagan) ahaa, waxa uu ka guursaday boqortooyadii Faransiiska gabadh, bishardi, inay diinteedi Kiristaanka haysato, waxayna kaxaysatay wadaad. Sannadkii 596 Mkd ayaa baadarigii Kiristaanka ee Geregori uu suuqa Rooma ku arkay addoomo timo cad (blonde). Wuxuu u diray 40 diin fidiye oo uu ku hagaajiyay boqor Ethelbeert iyo xaaskiisii Bertha ee Kiristaanka ahayd. Halkaas ayaa Kiristaaniyadii mar kale ka soo noqotay. Laakiin Saaksanku waxay ku qasbeen inay bannaanka ku cibaadeystaan, iyaga oo ka cabsi qabay in waxanay akhrinayaan ay ku sixraan! Ugu dambeyn boqorkii iyo dhawr kun oo dadkiisii ah ayaaba Kiristaan noqday, waxaana la qoray xeerkii ugu horreeyay ee ay yeeshaan oo ka koobnaa 90 qodob, kuna qornaa afkoodii Angalo-Saaksanka ahaa.

Dhanka waqooyiga waxaa boqor ka ahaa Ethelfirith oo abbaara 616 Mkd xasuuqay 1200 raahib oo Kiristaan ahaa.

Wax ay diintii Kiristaanku ku fiddaba, mushriggii ugu dambeeyay ee talo hayay wuxuu geeriyooday 655 Mkd. Ilaahyadii ay caabudi jireenna waxay ku hadheen magacyada maalmaha toddobaadka; Tuesday (maalintii *Tiw*), Wednesday (maalintii *Woden*), Thursday (maalintii *Thunor*), Friday (maalintii *Freya*). Isbeddelkaa diimeed waxaa dedejiyay in boqorradii ay Kiristaamoobeen dadkiina ay boqorradoodii raaceen.

Barasare Cabdalla Mansuur ayaa isku xidha soo shaacbaxa

Soomaalinnimada iyo fididdii diinta Islaamka, sidaa si le'eg, ayaa asaasihii taariikhda Ingiriisku uu dhalashada dad Ingiriis la dhaho ugu xidhay Kiristaannimadii ay qaateen oo dad kala duwanaa ku midaysay hal diin.

Qaabdhismeedka bulsho ee Saaksanku wuxuu ahaa mid aynu fahmi karno, oo qofku wuxuu ku xidhnaa daacadna u ahaa inta ka ag dhow ee uu taageero iyo difaac siin karo kana heli karo, sidii qabiil degaan kooban deggan. Ma jirin nidaam qaran oo ay hoos tagaan ama daacadnimo iyo hoggaansamid ka hela. Waxay daacad u ahaayeen qoyskooda, degaanka inta la wadaagta, iyo qabiilkooda. Boqor intaa ka baxsan dan kama aysan lahayn. Waxaa hoggaan u ahaa Caaqillo (Chief), wixii dan guud ahna waxay kaga tashan jireen shir la isugu yimaaddo (Communal Hall).

Faaykinkii

Ingiriisnimadu waxay baadisooc iyo sawrac bulsho siyaasadeed noqotay markii shisheeye soo weeraray boqortooyooyinkii yaryaraa ee isku jeeday dagaal-u-jooggana ahaa. Faaykinkii degaankoodu ahaa Denmark, Iswiidhan, iyo Norway ayaa bilaabay budhcadnimo iyo boob ay ku rafaadiyeen xeebaha kulaala Badda Waqooyi (North Sea). Maadaama hantida ugu badan ay kaniisaddu lahayd, xaggaas ayay xasuuq iyo boob ku bilaabeen 790 Mkd iyo wixii ka dambeeyay. Kaniisadihii wixii dhaqaale yaallay bay qaateen ciddii ay arkeenna way dileen, wixii aan ka ahayn addoomo ay qafaasheen.

Duullaannadani joogto ayay noqdeen, waxayse ahaayeen mar-soo-dhac boob iyo dil ku kooban. Laakiin wixii ka dambeeyay waxay u jeesteen inay qabsadaan dhulka ayna degaan. 865 Mkd ayaa ciidan ballaadhani weerar soo qaaday, dadkii ay u yimaaddeenna cagtay mariyeen oo waa ay xasuuqeen, boqorkiina waa ay dileen, weliba si arxandarro ah. Dhul ballaadhan oo kalabadhka Iglan ku dhow bay qabsadeen, dadkiisina waxay ku noolaayeen silic iyo addoonsi. Afartii boqortooyo ee ugu waaweynaa kuwii Saaksanku samaysteen, labo ka mid ah ayay la wareegeen, mid saddexaadna qayb ayay qaateen.

Iyada oo sidaas ah, Saaksankii kale, markay isqabtaan ama dhexdooda diriraan, waxay isu soo adeegsan jireen Faaykinka.

Boqortooyadii Wesekis ee ka badbaadday, ayaa 879 Mkd ka adkaatay boqorkii Deenishka 'East Anglia' ee Guthrum, oo isna noqday Kiristaan markii laga adkaaday. Laakiin Faaykinkii ma aysan joojin weerarradii oo Landhan iyagaa haystay ilaa lagala wareegay sannadkii 886 Mkd. Waana marka ay dadka qaar u aqoonsan yihiin dhalashada Boqortooyo Ingiriis.

Baaba'a ay Faaykinku keeneen wuxuu gaadhay heer boqortooyadii Wesekis laga waayo hal karraani oo Laatiin ku hadla (afkii wax lagu qori jiray). Dullaynta Saaksanku waxay mar gaadhay heer heshiisyada lagu daro in magta ninka Ingiriiska ahi ay la sinnaato midda ninka Deenishka ah!

Boqorkii Alfred wuxuu bilaabay in uu aqoonyahanno uga yeedho Yurubtii kale, uuna bilaabo barnaamij waxbarasho oo dadka lagu barayo akhriska iyo qoraalka afkoodi. Miisaaniyaddii boqortooyada badhkeed ayaa loo qoondeeyay dugsiyadii kaniisadda si Ingiriiska looga dhigo dad wax bartay, ayna caasimaddoodu ula tartanto kuwa kale ee Yurub. Qoraalladii Laatiinka ahaa iyagiina qaar ayaa Ingiriisi loo turjumay. Boqorku wuxuu dejiyay sharci cusub oo ka dabqaadanaya kii hore, isaga oo leh wixii aan u bogay waan reebay, wixii kalana waan tuuray markaan la tashaday guurtidaydii. Ingiriisi ayuu noqday afkii dawladdu adeegsanaysay. Alfred wuxuu ku guuleystay inuu nabad ku mideeyo Ingiriiskii, wuxuuna dhintay 899 Mkd. Geeridiisi ka dib, waxay ku noqdeen isbqabqabsigii iyo dagaalkii dhexdooda ahaa, waxaana xigtay 38 sano oo wareer ah (978-1016).

Deenishkiina fursad bay heleen oo way soo noqdeen mar kale sannadkii 991 Mkd. Maadaama aysan Ingiriisku haysan awood ay iskaga caabbiyaan, way iska laaluusheen. Laakiin si laaluushkaa loo bixiyo, cashuur badan baa shacabkii lagu soo rogay. Deenishkiina waxay noqdeen dawaco macal idaad u baratay iyo waraabe rag helay. Kuwii la laaluushay kuwo aan ahayn baa markoodii yimid. Toban sannadood oo weerar iyo boob ah ayay wadeen.

Sannadkii 1002 Mkd weerar ay soo qaadeen, ayuu boqorkii Ingiriisku kaga jawaabay in la xasuuqo qof kasta oo Deenish ah oo la helo, laakiin waxba may tarin. 1013 Mkd ayuu boqorkii Ingiriisku ku khasbanaaday inuu Noormandi (qaybta Faransiiska ee Ingiriiska soo xigta; *Normandy*) u baxsado. Amiirkii Noormandi walaashii, Emma, ayuu boqorkii guursaday waxayna u dhashay wiil markii dambe noqday boqorkii Ingiriiska.

Sannad ka dib, hoggaamiyihii Deenishku markuu

dhintay ayaa wiilkiisii soo qaaday weerar kale isaga oo wata 20,000 oo ciidan ah. Dagaal dheer ka dibna, waxaa loo caleemasaaray Boqor Kanuut (1016-35). Lix bilood ka dibna wuxuu guursaday xaaskii boqorkii hore ee Ingiriiska taas oo qayb ka qaadanaysay in uu sharciyeeyo xukunkiisa. Sidii Ingiriisku innoogu sameeyay Caaqillada, ayuu Kanuut ugu sameeyay 'Earl'-lo, degaannada uga masuul ah. 130 sano oo ismaamul ah ka dib, Ingiriiskii waxay hoos tageen maamulkii Faaykinka ee ka talinayay Denmark ilaa Norway, waana la gumeystay.

Sida ay dhaqan ahaan u milmeen waxaa laga dheehan karaa qoraal la helay oo labo walaalo ahi isu direen. Mid ayaa lagu canaananayaa in uu ka tagay dhaqankii Ingiriiska ee aabbayaashii raaci jireen oo uu ku dayday naqshaddii timaha ee Deenishka! Waxaa loo raaciyay: waxaad xaqiraysaa tolkaa!

Geeridii Kanuut (1035 Mkd) dabadeed, wiilashiisi baa isku qabsaday, waana lagala hoos baxay, waxaana qabsaday wiilkii boqorkii ka horreeyay Kanuut, oo qaxooti ku ahaa abtiyaashiisi Faransiiska ahaa. Boqor Edward qasrigiisa waxaa lagaga hadli jiray Faransiis, dawladdiisuna af Faransiis bay ku hawlgali jirtay. Faransiiskii ayuu jagooyin sare u dhiibay, dhulna wuu siiyay. Xidhiidhka adag ee uu la lahaa Faransiiska, ahna abtiyaashii iyo dadkii uu ku dhex koray, wuxuu ku dhowaaday in uu dhaliyo dagaal sokeeye. Markan uu boqorka Ingiriiska yahay, waxaa dhanka kale ee Noormandi madax ka ah inaabtigii Wilyam (William) oo markuu dhintay sheegtay in isaga loo ballanqaaday taajka Ingiriiska.

Markuu arkay in nin kale loo dhiibay, Wilyam dagaal buu

soo qaaday wuxuuna qabsaday Ingiriiska sannadkii 1066 Mkd, isaga oo ka gudbay gacanka u dhexeeya Faransiiska iyo Ingiriiska. Sannadkaasina waxa uu meel weyn kaga jiraa taariikhda Ingiriiska. Gumeysigii Deenishka ee ay ka baxeen dhowaan, waxaa u beddelay gumeysi kale oo Faransiis.

Ingiriiska iyo Faransiisku dhul ka ahaan wax badan isuma jiraan. Meelaha qaar way isu muuqdaan, waxaana u dhexaysa bad ilaa 33km ah. Balcad iyo Muqdisho inta u dhexaysa ayaa ka badan. Wilyam si uu u qabsado, wuxuu safray masaafo gaadhaysa 113km, halka Burco ilaa Berbera ay tahay 136km.

'Norman England'

Wixii Deenishku mariyeen Ingiriiska wax ka daran bay Faransiisku mariyeen. Ingiriiska hadda jirana waxaa la dhihi karaa waa samayskii Faransiiska. Xataa dhismayaashan waaweyn ee hadda jira in badani halkaas ayay ka soo jeedaan.

Danaysi, isu hoggaansan la'aan, kooxaysi siyaasadeed,... ayaa ku soo jeediyay indhaha shisheeyaha oo u haliilayay hantida taalla iyo khayraadkeeda. Dabayaaqadii qarnigii 10-aad ilaa kii 11-aad ayaa ugu darnaa taariikhda Ingiriiska. Ugu yaraan shan jeer ayaa la isku dayay in la qabsado. Markii hore Deenishka ayaa qabsaday markii dambana Noormankii Faransiiska.

Gumeysigii Noormanku saamayn aad u ballaadhan

ayuu ku yeeshay Ingiriiska. Wilyam ma haysan hanti iyo ciidan ku filan, si uu ciidan dheeraad ah u helana, wuxuu ballanqaadyo u sameeyay calooshood-u-shaqaystayaal u dagaallama. Markii uu guulaystayna, wuxuu bilaabay in uu ku abaalmariyo dhulkii iyo hantidii Ingiriiska.

Kacdoon ay sameeyeen Ingiriiskii Waqooyigu ayay kula soo heshiiyeen Deenishkii mar kale! Laakiin waa laga gacan sarreeyay waxaana loo baabi'iyay si aan caadi ahayn. Intii badbaaddayna gaajaa dishay. Waxaa la qiyaasaa in ay halkaa ku baaba'een 75% dadkii degaanku, guryihii way gubeen, xoolihii way laayeen, dhulkiina milix bay ku shubeen si aan loo beeran.

Afkii maamulka Ingiriisigii waa laga beddelay, dadkii Ingiriiska ahaa waa laga saaray jagooyinkii sare ee maamulka iyo kaniisadda, meel kasta oo macne lahaydna Faransiis baa loo dhiibay. Dhulkii oo dhan boqorkii ayaa la wareegay oo sidii uu doono u maamulay ciddii uu doonana siinayay. Dadkii dhulka degganaa ee lahaa baa dib looga kireeyay! "*It was even disgraceful to be called English*"—ceeb bay noqotay Ingiriiisnimadii!

Iglantii Yurub sharafta ku lahayd waxay noqotay meel la gumeysto oo kor laga maamulo. Sawiro Ciraaq wixii ka dhacay iyo waxa hadda Suuriya ka socda. Xasuuqa iyo baab'a iyo dulleynta lagu sameeyay waxay noqdeen wax Yurubtii kale ka fajacdo. Ingiriiiskii waxay isugu soo ururreen beeraley la gumeysto, afkoodii Ingiriiisiguna wuxuu noqday wax laga faano. Intii madax ahayd waxaa laga dhigay wax la dilo, wax la xidho, wax baxsada ilaa Istanbuul, iyo wax la gumeysto. Caaqilkii ugu dambeeyay kurkaa laga jaray 1076 Mkd. Dumarkoodiina Faransiiskii soo duulay baa qasab ku guursaday. Xusuusnow dadkani waa wada Kiristaan isku diin ah.

Dhaqaalihii dalka iyo dhulkiiba waxay gacanta u galeen ilaa 250 qof oo boqorku ku jiro, ahna Faransiis. Dadka Ingiriiska oo 2 milyan lagu qiyaasayay, 4 qof baa dhul macne leh ka lahaa.

Waxyaalaha cajiibka ah waxaa ka mid ah, haddii mayd laga helo meel, waa in caddayn loo helaa inuu Ingiriis yahay. Haddii kale oo uu noqdo Faransiis la dilay, Ingiriiskii meesha degganaa baa laga rabay inay keenaan ciddii dishay. Dembiilihii marka la dilo, inta kalana ganaax baa la saarayay!

Nidaamkii siyaasadeed waa la beddelay, Ingiriiskiina kaalin kuma lahayn maamulka dalkooda. Iglan waxay noqotay mustacmarad Faransiis.

Noormankii iyo af Ingiriisigii

Duullaankii ugu darnaa waxay ku qaadeen afkii dadkii ay qabsadeen. Af Ingiriisigii waxaa laga fogeeyay maamulkii iyo dawladdii; waxaa laga fogeeyay suugaantii iyo xaddaaraddii, dabaqadihii sare ee bulshadu af ay ku hadlakiisa ka faanaan ayuuna noqday. Af Ingiriisigii wuxuu isugu ururay 'af beeraley!' Beerleydu waxay ahayd wax la yaso. Waxay yidhaahdaan, Ingiriisiga waxaa loo isticmaalayay heerka beerta iyo xoolihii noolaa ee uskagga iyo dhiiqada dhex joogay (*ox, calf, sheep, swine*), halka marka cuntadii beerta ka timaaddo oo ay miiska soo gaadho, loo adeegsanayay ereyo Faransiis ah (*beef, veal, mutton, pork*). Waana sababta

Ingiriisigu u leeyahay dhawr erey oo isku wax sheegaya maadaama ay meelo kala duwan ka soo jeedaan.

> "Unless a man knows French he is little thought of, but low-born men keep to English and to their own speech still."

Hadalkaa qofka af Ingiriisiga ku hadla ku tilmaamaya inan-gumeedka waxaa la qoray 1290 Mkd! Qof aan Faransiis ku hadlayn cidi ma dhugato!

Qabsashadii Noormanka horteed, Ingiriisku waxay la bixi jireen magacyo hadda dabargo'ay, sida: Ealdgyth, Aelfgifu, Colswein, Eadric, Waltheof, iwm. Laakiin laga bilaabo 1100 Mkd, magacyadii waxay isu beddeleen kuwii Faransiiska. Wilyamkii qabsaday baa noqday magaca ugu caansan. John, Richard, Robert, Margaret, Mary, Emma ayaa iyaguna soo galay. Ilaa hadda waxaa la sheegaa in magacyadii Noormanka (dabaqaddii sare) iyo kuwii Ingiriiska ee xirfadda tilmaamayay (Smith, iwm.) ay kala dhaqaale badan yihiin.

Ma isleedahay waa caado gumeystuhu ka siman yahay!

Labo boqol oo sano ayuu Ingiriisigu ka maqnaa afafka suugaanta lagu qoro. Sannadkii 1362 Mkd ayaa maxkamadihii amar lagu siiyay inay Ingiriisi adeegsadaan. Sannadkii xigayna baarlamaanka ayaa markii ugu horreysay lagu furay af Ingiriisi. 1380 Mkd wixii ka dambeeyay af Ingiriisi ayaa diiwaanka baarlamaanka lagu qorayay. Dugsiyadii baa bilaabay inay ciyaalkii af Ingiriisi wax ku baraan. Sannadkii 1399 Mkd boqorkii Henerigii Afraad (Henry IV) waxaa lagu boqray af Ingiriisi waxayna u badan tahay in uu ahaa boqorka keli ah ee uu afkiisi hooyo ahaa ilaa 1066 Mkd (333 sano).

Intii u dhexeysay 1250 Mkd ilaa 1450 Mkd, ereyadii cusbaa ee afka ku soo biiray oo ahaa 27 000, waxaa Faransiis ka yimid 22%, badanka kalana Laatiin. Ilaa hadda, ereyada dawladda iyo maamulka, sharciga, diinta, dagaalka, faashinka, ikk, waxaa ka buuxa af Faransiis.

Gabagabo

Sunanta kawniga ah ee taariikhda aadanaha ka dhex muuqda waxaa ka mid ah in isku duubnida bulsheed ay ka dhashaan awood iyo horumar. Halka kala qaybsanaanta iyo isnacaybka bulsheed ay keenaan taag yari iyo in cadaw sida uu rabo kaa yeelo. Cidina awood yar iyo gumeysi uma dhalan e, waa halkii ay isdhigto.

$$\text{إِنَّ اللَّهَ لَا يُغَيِّرُ مَا بِقَوْمٍ حَتَّىٰ يُغَيِّرُوا مَا بِأَنفُسِهِمْ}$$

Alle ma beddelo xaaladda (barwaaqo iyo belaba) dad ku sugan yahay ilaa ay iyagu beddelaan xaaladda nafahoodu ku sugan yihiin (dhaqankooda)

DHAMBAALKA JIMCAHA – 14

05 Dulqacdah 1441
26 Juun 2020

MUSBAAXA TAARIIKHDA 3

*"Taariikhdu waynoo musbaax maanka caawima e
Adoo male gudaayaad yaqiin marar ku gaadhaaye
Makaankaaga waa inaad taqaan meelba waxa yaalle,"*

—Xaaji Aadan Afqallooc: Ceerigaabo.

Hordhac

Ka dib 73 sano oo Ingiriis haystay, "*British Somaliland*" waxa ay xorowday 26 Juun 1960. Waxay ahayd xorriyad qaadasho degdeg ah oo aan qorshaheedu muddo badan socon, Ingiriiskuna isku dayay in uu ka cagajiido, laakiin laga diiday.

Iyada oo ay dhalinyarta reer Waqooyi qaar islahaysiiyaan 26-ka Juun, oo ay la yaabaan reer Koonfur u dabbaaldegaya ama xusaya, oo ay ku faanaan in ay "xornimada ka hor qaateen Koonfur", haddana xaqiiqadu sidaa waa ay ka duwan tahay, in ay xornimo xilligaa timaaddana dedaal badan waxaa galiyay reer Koonfur oo suuragaliyay.

Koonfur waxay gumeysigii Talyaani ka hoos baxday dagaalkii labaad ee adduunka ka dib. Markii Talyaaniga laga adkaaday, waxay hoosgashay maamul Ingiriis, oo markaa

Waqooyi iyo Koonfur wada haystay. Markan dhulkii Soomaalida, wixii aan Jabbuuti ka ahayn, Ingiriis baa ka wada talinayay. Xornimadii Koonfur waxay Qarammada Midoobay ansixisay 1949. Nasiibdarro, waxaa caddayd inaan Soomaalidu lahayn awood, aqoon, iyo muwaafaqo ay isku maamulaan, taas ayaana keentay in cid kale masuul looga dhigo inta ay qaangaadh siyaasadeed oo ay isku maamuli karaan ka yeelanayaan. Waa sidii ilmaha agoonka ah xoolaha loogu haynayay ee loogu maamulayay intuu ka qaangaadhayo.

$$\text{وَلَا تُؤْتُوا السُّفَهَاءَ أَمْوَالَكُمُ الَّتِي جَعَلَ اللَّهُ لَكُمْ قِيَامًا وَارْزُقُوهُمْ فِيهَا وَاكْسُوهُمْ وَقُولُوا لَهُمْ قَوْلًا مَّعْرُوفًا ۝}$$

Waxaa la yidhi:

$$\text{فَإِنْ آنَسْتُم مِّنْهُمْ رُشْدًا فَادْفَعُوا إِلَيْهِمْ أَمْوَالَهُمْ}$$

Gumeysigii Talyaaniga

18 Nofembar 1899 ayuu gumeysigii Talyaanigu la wareegay dhulkii Soomaaliyeed ee loo bixiyay "*Italian Somaliland*".

Dagaalkii labaad ee adduunka, oo Talyaaniga iyo Ingiriisku ay labada dhinac ka kala safnaayeen, ayaa Talyaanigii qabsaday bishii Ogos 1940 dhulkii Ingiriis haystay, ee ay British Somaliland u bixiyeen. Ilaa 25 Feb 1941, Talyaaniga ayaa maamulayay dhulkii Soomaaliyeed iyo Itoobiyaba, marka laga reebo NFD.

Ingiriiskii way soo rogaalceliyeen waxayna Talyaanigii ka qabsadeen Muqdisho 25 Feb 1941. Wayna socdeen ilaa ay Maaj 1941 la soo noqdeen British Somaliland. Abriilna waxaa laga qabsaday Adis Ababa oo Xayla Salaase ku soo noqday bishii xigtay. Jabbuuti waxaa Talyaanigii laga la wareegay Disambar 1942.

Maadaama ay Talyaani badani degganaayeen dhulkay gumaysan jireen, way is-abaabuleen waxayna samaysteen ururro siyaasadeed, si ay cadaadis u saaraan maamulkii Ingiriiska ee Koonfur joogay. Ingiriiskuna waxa uu bilaabay in uu Soomaalidii ku dhiirrigaliyo inay samaystaan ururro, si ay ugu noqdaan wax uu Talyaaniga iskaga caabbiyo. Baraarug siyaasadeed oo dabku u gaabsanaa ayaa bilaabay in uu kululaado.

15-kii May 1943 ayaa waxaa samaysmay Somali Youth Club, laakiin ilaa 1946 way iska kuutinayeen. Markan ayay bilaabeen in ay laamo ka samaystaan dhulkii Soomaalida oo dhan. Waxay isu beddeleen xisbi siyaasadeed Abriil 1947, waxayna la baxeen Somali Youth League (SYL). SYL hadafkeeda asaasiga ahi wuxuu ahaa xoreynta dhulkii Soomaalida oo dhan iyo Soomaali oo ku midowda hal meel; Soomaaliweyn. Iyada oo Soomaalidu ay weligoodba ku taamayeen midnimo, oo Sayid Maxamed iyo Daraawiishtiisi aysan xadkii gumeysiyada aqoonsan ee ay xarumo isaga tallaaba lahaayeen, haddana xilli dheer baa laga joogay halgankaa.

1946 Xoghayihii Arrimaha Dibadda ee Ingiriiska, Ernest Bevin, ayaa keenay qorshe ah in dhulkii Soomaalida, oo uu markaa ka talinayay wixii aan Jabbuuti ka ahayn, lagu mideeyo hal maamul oo uu Ingiriisku korka uga taliyo;

Wisaayo ama *Trusteeship*.

Xulafadii ku guuleysatay dagaalkii labaad ee adduunku waxay sameeyeen gole xal ka gaadha dhulkii Talyaanigu gumeysan jiray, haddii ay xal gaadhi waayaanna, in arrinta la hor dhigo golaha Qarammada Midoobay oo markaa la aasaasay. Qorshihii Bevin ee in Ingiriisku maamulo dhul Soomaaliyeed oo midaysan la iskuma raacin. Bevin qorshe kale ayuu Talyaaniga la bilaabay midnimadii Soomaaliyeedna faruhuu ka qaaday.

Waxaa la sameeyay guddi ka kala socda Afartii Quwadood oo u kuurgala xaaladda dadkii Talyaanigu gumeysan jiray kana soo talo bixiya wixii laga yeeli lahaa masiirkooda. 06 Janawari 1948 ayay gaadheen Muqdisho. Magaalooyin badan bay tageen dad badanna way dhegaysteen. SYL waxaa la shaqaynayay labo nin oo British Somaliland ka soo jeeda, kuwaas oo qoraallada SYL ay xorriyadda iyo midnimada ku rabto u qaabaynayay si sharci ah. Waa Luwii Kelement Salole oo Hindiya ku soo bartay sharciga, iyo Maaykal Maariyaano. Liibiya, oo ka mid ahayd dalalkii masiirkooda laga talinayay, waxaa u doodayay Carab badan oo ka shaqaynayay in xornimo la siiyo. Soomaaliya waxaa la yidhi xorriyad diyaar uma tihidin, ismana maamuli kartaan, oo aqoonteedii iyo kartideedii siyaasadeed ma lihidin, waxaana la go'aamiyay in la galiyo wisaayada Qarammada Midoobay ama dawlad kale oo maamusha intay isku fillaan gaadhayaan Soomaalidu.

Walow ay dagaallameen, haddana waa tol, oo reer Galbeedkii oo Ingiriis iyo Maraykan ku jiraan waxay ka shaqeeyeen, maadaama faashiistihii dhacay, in Talyaanigii sharaftoodii mar kale dib loo dhiso oo lagu soo celiyo miiskii dawladaha. Maraykan iyo Ingiriis waxay ka shaqaynayeen in Talyaaniga loo dhiibo inay Soomaalida sii maamulaan. Laakiin laguma heshiin xallintii masiirka dhulalkii, waxaana arrintii loo gudbiyay golihii Qarammada Midoobay.

Cabdullaahi Ciise ayaa tagay shirkii 21 Abriil 1949 oo ka jeediyay dooddii Soomaalidii diiddanayd Talyaani inuu ku soo noqdo, isaga oo ka hadlay dhibtii gumeysiga Talyaanigu dalka iyo dadkaba u geystay. Laakiin Talyaanigu ma faro madhnayne, Soomaali taageersanayd buu abaabulay oo shirka ka qayb galay iyagoo ku doodayay in Talyaani soo noqoshadiisa ay rabaan!

Cabdullaahi Ciise wuxuu ku sii hakaday Ingiriiska oo uu joogay dhawr bilood isagoo marti u ahaa Soomaalidii halkaa degganayd oo intooda badani ay British Somaliland ka soo jeedeen. Maadaama uusan Cabdullaahi aqoon u lahayn xaaladda British Somaliland, raggii meesha joogay midkood ayaa raacay, maadaama yoolka SYL ahaa midaynta dhulkii Soomaaliyeed wixii laga weydiiyo cid ka caawisuu rabay. Maxamed Trunji (b.128) isagu waxa uu magacaabayaa labo nin inay Cabdullaahi Ciise raaceen ayna kala ahaayeen: Cali Nuur iyo Ismaaciil Xasan oo ka soo jeeday dhulkii Waqooyi ee British Somaliland, taas oo muujinaysa inaysan ahayn arrin ku kooban Koonfur oo keli ah.

Dooddii Talyaanigu ku rabay inuu Soomaaliya ku soo noqdo, dalalkii ka hor yimid waxaa ka mid ahaa Baakistaan, Ruushka, Sucuudiga, Hayti, Laaybeeriya, iyo kuwo kale. Danjirihii Baakistaan u fadhiyay ayaa Talyaanigii laf dhuun gashay ku noqday: kontonkii sano ee aad joogteen maxaad qabateen?

Waxa ugu weyn ee laga doodayay waxa uu ahaa wisaayada Soomaaliya la galinayo, muddadeeda, iyo cidda maamulaysa. Baakistaan waxay soo jeedisay in dhulka Soomaaliyeed oo dhan lagu mideeyo hal maamul oo xor ah, sidii Ingiriiskuba hore u soo jeediyay ee uu haddana ka laabtay.

21 Nofembar 1949, Golaha Qarammada Midoobay waxa uu ansixiyay in dhulkii Italian Somaliland uu noqdo dal madaxbannaan, laakiin ay xorriyaddaasi hirgalayso toban sano ka dib, intaana Talyaanigu kor ka maamulo oo uu u diyaariyo madaxbannaanida.

SYL waxay codsatay in heshiiska wisaayada (Trusteeship Agreement) lagu daro midaynta dhulka Soomaaliyeed ee qaabka aan meelna ku salaysnayn loo kala qaybiyay.

Ingiriiskii waxa uu maamulkii Talyaaniga ugu wareejiyay qaab marba degaan ah: Caluula ayaa laga soo bilaabay 17 Maaj 1950, ka dibna Majeerteeniya oo dhan gudbinteedii waxaa la dhammeeyay 26 Maaj, Mudug 25 Maaj, Jubbada Kore ayaa ku xigtay 27 Maaj, Jubbadii Hoosana 01 Abriil 1950, oo ahayd markii wareejintu dhammaatay.

Maamulkii Talyaanigu wuxuu dhisay 'Territorial Council' hawshiisu tahay la talin oo ka kooban 35 qof. Waxaa Soomaali ahaa 28, kuwaas oo 21 ka mid ahi ay matalayeen qabiilladii Soomaaliyeed, halka 7 ay matalayeen xisbiyadii siyaasadeed, 7 kalana ajnabigii dhulka degganaa baa loo qaybiyay. Fadhigoodii ugu horreeyay wuxuu qabsoomay 30 Disambar 1950.

1951 wax baa laga beddelay matalaaddii qabiillada. 1952 waa la kordhiyay oo 44 baa laga dhigay, 1953 ayaa haddana la kordhiyay oo laga dhigay 53 xubnood.

28 Maaj 1954 waxaa la qabtay doorashooyinkii golayaasha

degaanka (municipal elections). SYL waxay ku guulaysatay 141 kursi oo ka mid ahaa 281 kursi (councillor), halka golihii tashiga ay saddex xubnood oo keli ah ku lahaayeen.

06 Sibtambar 1954 waxaa la ansixiyay xeerkii calanka Soomaaliya, waxaana la taagay 12 Oktoobar 1954.

Juun 1955 ayaa Cabdirisaaq Xaaji Xuseen loo diray inuu SYL ku matalo shirka Qarammada Midoobay. Waxa uu New York kula kulmay Soomaali halkaa joogtay oo u badnaa siimaannadii British Somaliland ka soo jeeday. Cabdirisaaq waxa uu sheegay inay dhaqaale ahaan taageerayeen Cabdullaahi Ciise afartii sano ee uu u joogay arrinta Soomaaliya. Tiradooda 120 qof buu ku sheegay. Makhaayad, dukaan, iyo ganacsiyo kale ayay ku lahaayeen meesha. Waxayna ahaayeen dad baraarugsan oo siyaasadda iyo waxa Qarammada Midoobay ka dhacaya la socda, sida uu ku tilmaamay.

Cabdirisaaq waxa uu sheegayaa inay dood kulul oo dhulka Soomaali Galbeed ku saabsan ay dhex martay isaga iyo danjirihii Itoobiya. Waa isla sannadkii Ingiriisku Hawd ku wareejiyay Itoobiya. Maaykal Maariyaano iyo wafdigii la socday oo Landhan waxba ka waayay ayaa Qarammada Midoobay yimid oo ay kulmeen. Waxa uu Cabdirisaaq sheegay in uu la kulansiiyay danjirayaashii iyo wufuuddii dalalka Afrika iyo Aasiya ee qaarkood xornimada doonayeen. Cabdirisaaq waxa uu xidiidh fiican la lahaa danjiraha Masar, halka Ingiriisku aysan raalli ka ahayn waxa Maaykal wado aysanna rabin inay la kulmaan ama lala kulmo.

Markii la soo noqday waxay haddana ku kulmeen oo ay wada joogeen Ingiriiska 10 cisho oo Cabdirisaaq iyo NUF waftigoodii way kulmeen. Wuxuu booqday Soomaalidii joogtay oo badankoodu British Somaliland ka soo jeedeen, si fiicanna waa loo soo dhoweeyay.

Juun 1955 waxay labadii dhinac ee kala maamulayay Italian Somaliland iyo British Somaliland ku kulmeen Muqdisho si looga hadlo arrimaha qoraalka af Soomaaliga. British Somaliland waxaa ka socday Muuse Galaal iyo Saaykis Tomson (Sykes Thomson) oo ahaa madaxa agaasinka waxbarashada. Dhanka kale labo Talyaani ah iyo saddex Soomaali ah: Maxamed Sheekh Xasan, Cali Xuseen Gurrac, iyo Cabdullaahi Xaaji Maxamuud 'Insaaniya', sida uu Shariif Saalax ku xusayo buuggiisa taariikhdii qoraalka af Soomaaliga. Qoraa Saadia Touval waxa uu sheegayaa in shirkan natiijadii ka soo baxday ay wiiqday dooddii loo adeegsanayay meelmarinta farta Cusmaaniyada in la qaato.

"Nimankaa Dawladda ah ee Reer Xamar"

—M.I. Cigaal.

Sannadkii 1956 waxaa la qabtay doorasho golihii tashiga ee la magacaabi jiray loogu beddelayo Gole Sharcidejin (Legislative Assembly) la doortay. 60 kursi oo Soomaalidu leedahay iyo 10 ajnabigu lahaa ayuu ka koobnaa. SYL ayaa ku guulaystay 45 kursi, 4 xildhibaan oo xisbiyo kale ku soo baxayna way ku biireen! Golahan wuxuu awood buuxda u lahaa sharci dejinta wixii khuseeya arrimaha gudaha. Arrimaha dibadda iyo difaaca waxay gacanta ugu jireen maamulaha Talyaaniga ah. 'Territorial Council' waxaa la kala diray 31 Janawari 1956. Golihii cusbaana waxaa madaxweyne u noqday Aadan Cabdulle Cusmaan, oo isna Ra'iisul Wasaare u magacaabay Cabdullaahi Ciise. Waxaa la sameeyay xukuumad shan wasiir leh oo awooddeedu ku kooban tahay arrimaha gudaha dalka. Xukuumaddii daakhiliga ahayd waxaa la ansixiyay 03 Oktoobar 1956.

Bishii Ogos 1956 Xayla Salaase ayaa dhulkii Soomaalida ku wareegay isaga oo leh isir ahaan, midab ahaan, dhiig iyo dhaqan ahaanba waxaad ka mid tihiin qoyska Itoobiya, ee sida Ereteriya ugu biirtay Itoobiya, idinkuna dhulka hooyo ku soo biira. Waxa uu raaciyay in Soomaalidu dhaqaale ahaan Itoobiya ku xidhan yihiin waxan la wadwado ee "Soomaaliyweynna" aysan iswadi karin iyada oo dibadda ka joogta Itoobiya. Yacnii la'aantayo waad baaba'aysaan!

Markiiba Golihii Sharcidejinta (Legislative Assembly) baa meelmariyay mooshin qeexaya in Soomaaliweyn ay tahay xaqiiqo jirta oo ay Soomaalidu ku midoobi doonaan.

Qorshuhu wuxuu ahaa in xornimadu noqoto 02 Disambar 1960, maamulihii Talyaaniguna mar wuxuuba sheegay inay suuragal tahay in laga dhigo 02 Janawari 1960 haddii ay Soomaalidu diyaar noqdaan. Waxay ahayd mar qalalaase socday oo uu rabay in uu dadka qaboojiyo.

SYL waxay ka dhammaan wayday isqabqabsi dhexdeeda ah iyo loollan qabiil. Shirweyne ayay qabsadeen 28 Maaj - 26 Juun 1958. Waxaa iyaguna joogay xubno ka yimid SYL laamihii British Somaliland iyo Ogaadeen, laakiin ma aysan codeyn karin.

Dhibtu waxay ka dhalatay Xaaji Maxamed oo madaxa xisbiga loo doortay, in muddo ahna Masar ku maqnaa, ayaa la soo noqday dagaal iyo kacdoon uu Talyaanigii iyo guud ahaanba reer Galbeedkii ku khalkhal galiyay. 21 May ayaa laga xayuubiyay xilkii.

Xaaji Maxamed dhankiisa ayuu isna xisbi ka samaystay, Greater Somali League Party (GSLP), oo yoolkiisu ahaa xorriyad ay ku xigto midnimo Soomaaliyeed. Xaaji Maxamed wuxuu rabay in wax kasta ha qaadatee dhulkii la mideeyo, wuxuuna aad u diiddanaa waxa uu arkayay xidhiidhka fiican ee SYL iyo maamulkii Talyaaniga u dhexeeyay, isaga oo leh gumeysigii baad u debecdeen oo hoosta kaga jirtaan.

Doorashadii degaanka ee Nofembar 1958, SYL waxay heshay 416/663 kursi, halka xisbigii Xaaji Maxamed ee GSLP uu helay 36 kursi.

Doorashadii guud ee 04 Maaj 1959, SYL waxay ku guulaysatay 83/90 kursi, iyaga oo lagu eedeeyay musuq iyo wax isdabamarin badan.

SYL waxa ugu weyn ee haystay wuxuu ahaa loollan Daarood iyo Hawiye. Isqabqabsi, danaysi shakhsiyadeed ama qabiil, musuqmaasuq, iyo maamul xumo, ayaa dhibay. Saadia Touval waxa uu taabanayaa qodob muhiim ah oo tilmaamaya sababta Koonfur aysan dedaal weyn u galinayn dhanka Somaliland waayadii dambe. Waxa uu leeyahay qabiilladii iyo xisbiyadii waxay u jeesteen loollan iyo cad kala goosi ay ku tartamayaan jagooyinkii iyo dambarkii Maandeeq.

Sidaa oo kale, maadaama ay hadda miiska fadhiyaan, dhankii diblomaasiyadda iyo hadalkii qaboobaa ayay raaceen, tan oo markii dambe keentay inay SYL dhexdoodii iska horyimaaddaan oo qaarkood ay rabeen in meel adag laga istaago gumeysi iyo wixii xidhiidh la leh, dadkoodi dalka joogayna hantidoodii lala wareego, dhulkiina la xoreeyo oo la mideeyo xataa haddii xoog loo baahdo la adeegsado.

Soo dedejintii xorriyadda

Cabdirashiid Cali Sharmaarke oo hoggaaminayay garab SYL oo xukuumadda ku kacsanaa, ayaa keenay mooshin ay in xorriyadda la soo hor mariyo oo laga dhigo 01 Janawari 1960. Wuxuu sabab uga dhigayay in ay Itoobiya rabto inay carqaladeyso midowga Soomaaliya iyo Somaliland. Waayo wasiirkii gumeysiga ee Ingiriisa ayaa markuu ka hadlay midnimo Soomaaliyeed, ay Itoobiya ka xanaaqday. SYL, NUF, SNL way ka gadoodeen faragalinta Itoobiya, xukuumaddii Soomaaliyana farriin adag bay u dirtay Xayle Salaase. Xukuumaddu ma diidi karin mase rabin inay Talyaaniga isku dhacaan. Kaartaa loo degay oo inta dib loo dhigay baa maalintii xigtay mooshin kale laga dabo keenay. Kii Cabdirashiid ma gudbin, kii labaad oo aan taariikh cayimayn laakiin ha laga soo hor mariyo 02 Disambar 1960 leh baa gudbay 25 Ogos 1959.

Talyaanigii iyo Qarammadii Midoobay way aqbaleen, oo 05 Disambar 1959 ayay Qarammada Midoobay goysay in Soomaaliya xorowdo 01 Julaay 1960. Lix bilood baa la soo hor mariyay.

Talyaanigu ma taageersanayn midnimo Soomaaliyeed, waxayna si dadban ugu hanjabeen inay taageeradooda dhaqaale wax ka beddeli doonaan haddii midow dhaco. Ra'iisal wasaare Aadan Cabdulle ka dib markuu la kulmay wasiirkii maaliyadda ee Talyaaniga oo Muqdisho tagay, ayuu xusuuqorkiisa ku qoray 04 Ogos 1959 hadal macnihiisu yahay: Talyaanigu waqtigooday nagu khasaarinayaan, maxaa yeelay wax aanu midnimo dhaafsanaynaa ma jiraan.

Gumeysigii Ingiriiska

Isbeddelkii Somaliland ka dhacay wuu ka dambeeyay kana gaabis badnaa dhanka koonfurta.

Halkii doorashooyin ka dhacayeen Koonfur 1954, 1956, 1958, iyo 1959, dhanka Waqooyi doorasho kama dhicin wixii ka horreeyay 1959. Koonfur waxaa 1956 la doortay Gole Sharcidejin oo xor u ah xeer u dejinta arrimaha gudaha, wixii ka dambeeyayna awood ismaamul bay Soomaalidu lahaayeen, waxaana aqlabiyadda haysatay SYL. Waqooyigu wuxuu heerkan soo gaadhay Feberwari 1960 oo doorashadii dhacday ay SNL ku guulaysatay 20 kursi, USP-na 12 kursi, halkan NUF heshay 1 kursi oo ahaa Maaykal Maariyaano.

Saddexdan xisbi isku yool bay ahaayeen, oo xorriyad iyo midnimo ayay u wada taagnaayeen, waxayna taas la wadaageen SYL, walow aysan SYL helin wax kursi ah. Marka loo eego dhanka hadal kulaylka iyo ku adkaynta Ingiriiska, SNL baa kaga adkayd NUF oo weliba ololihii doorashada ku duraysay NUF inay gumeystaha u debecsan yihiin. Saadia Touval waxa uu tilmaamayaa in farqiya u dhexeeyay uu ahaa qabiilka ee ay inta kale ka sinnaayeen.

Cabdirisaaq waxa uu qoray in SNL Feb 1959 farriin u dirtay Qarammada Midoobay guddigii Wisaayada (UN

Trusteeship Council), taas oo ahayd inay rabaan la midowga Italian Somaliland. Waxay ku sababeeyeen inay yihiin hal dad oo leh hal dhaqan, hal diin, iyo hal af, ayna leeyihiin ujeeddo mid ah oo aan qaybsami karin. Waxay raaciyeen inay tiro ahaan yar yihiin khayraad badanna aysan lahayn, sidaas awgeed ay lamahuraan tahay in hal dal wixii la hayo la isugu geeyo.

Dhaqaale ahaan iyo waxbarasho ahaan, iyo guud ahaan horumar degaan ahaanba, Waqooyigu wuu ka dambeeyay Koonfurta, oo Ingiriisku dedaal badan ma galin. Sidaa oo kale, saameynta dibaddu way ku yarayd Waqooyiga. Waxaa kale oo Waqooyiga ku badnaa dagaallada qabiillada u dhexeeya oo 1954-5 dagaallo qabiil ayaaba ka socday.

Xaaladda soo cusboonaatay ee ah in Soomaaliya noqotay dhul wisaaya Qarammada Midoobay hoos yimaadda lehna taariikh xorriyad qaadasho oo cayiman, iyo bilowgii dhisiddii haykal maamul ee Koonfur ka socday, waxay noqotay mid qaabaysa hawlgallada xisbiyada. Maadaama xorriyaddii meel la saaray, waxa xigay waxay ahayd mideyn iyada ayaana hadalhaynteedii badatay.

Sidii xaaladdu isaga degganayd, Feb 1955 ayaa la shaaciyay wareejintii Hawd. Taas ayaa dabka ugu badan shidday. Waxaa bilowday kacdoon iyo baraarug cusub. Waxaa asaasmay National United Front oo markii dambe isu beddelay xisbigii siyaasadeed ee NUF ee Maaykal Maariyaano, oo ku ballanqaadayay in uu soo celin doono dhulkii la wareejiyay. Markii uu ku guuldarraystayna taageeradii xisbigu hoos bay u dhacday. Laakiin taasi ma beddelin samaysanka xisbiyada oo qabiillo ayay ahaayeen. Xamaasaddii "waddaniyaddu" kuma keenin inay qabiilkii kor uga kacaan. SNL ayaa heshay kuraastii Isaaqa, wixii aan ka ahayn kii Maaykal Maariyaano, oo isaguba Isaaq ahaa. Intii kalana qabiilladii kale ayaa xisbigoodii USP ku guulaystay.

Sannadkii 1956 waa tii dagaalkii Suweys dhacay, Masarna saamayn ayay Soomaalida ku lahayd. Markaa Ingiriiskii iyaga oo ka baqaya in cadhadii dhulkay wareejiyeen ay Masar ka faa'iidaysato Soomaalida oo wiiqdo dantii Ingiriiska ee Geeska Afrika, ayay bilaabeen inay xaaladdii degaanka iyo maamulkiisii wax ka beddelaan.

> "...our position in the protectorate will become increasingly difficult to hold and that in the end we shall have to go, and the union will take place in circumstances which will make it very probable, if not certain, that the new Somali nation will be anti-British."[1] October 1958.

1957 ayaa Badhasaabkii Ingiriisku dhisay Golihii Sharcidejinta (Legislative Council) ee ugu horreeyay. Waxa uu ahaa 6 qof oo Ingiriisku xushay qabiilna matalaya. Disambar 1958 Golihii Sharcidejinta waa la kordhiyay waxaana lagu daray 13 Soomaali ah. Doorashadii waxaa la qabtay Maaj 1959 laakiin SNL way qaadacday, maxaa yeelay xubnaha Soomaalida waa laga tiro badnaa.

1959 waxaa Muqdisho lagu qabtay shir Soomaaliweyn oo ay ka qaybgaleen xisbiyadii Somaliland.

Qorshihii soo hormarinta xorriyadda Koonfur wuxuu Somaliland ka dhaliyay kacdoon cusub.

Baarlamaankii Koonfureed ayaa lagu casuumay inay

---

[1] Governance, p.75.

ka soo qaybgalaan furitaankii National Assembly ee Hargeysa ka dhacay 06 Abriil 1960, waxaana tagay wafdi uu hoggaaminayay madaxweynihii. Wax yar ka dib, wafti waqooyi ka socda ayaa Muqdisho tagay si looga shaqeeyo qaabkii midowga. Xidhiidho isdabo socda ayaa dhex maray labada dhinac xorriyadii 26 Juun ka hor.

06 Abriil 1960, Golihii Sharcidejinta (Legislative Council) ee British Somaliland wuxuu dhammaan ansixiyay mooshin codsi xornimo ay tahay in lagu beego maalinta Soomaaliya xoroobayso, si midowga labada dhinac uu u dhaco isla maalintaas, oo ah 01 Julaay 1960.

U fiirso, xorriyaddii Koonfureed waxaa meel la saaray 1949. Tii Waqooyina waxaa la codsanayaa Abriil 1960 si loola midoobo Koonfur, waxaana Ingiriisku oggolaaday May 1960 oo ah bil ka hor xorriyaddii.

Iyada oo ay taasi jirto, oo qorshaha xorriyadda loogu dalbay Soomaalilaan uu ahaa inaysan ka dib dhicin xorriyadda Soomaaliya, si midowgu u dhaco, ayaa dad ku dacwoonayaan in Waqooyi (British Somaliland) wax kasta huray oo xorriyaddii iyo dawladdii lala qaldamay ama la khasaariyay.

Shir baa labada dhinac ee Waqooyi iyo Koonfur ku dhex maray Muqdisho badhtamihii Abriil, waxaana la isla meel dhigay in dhinac walbaa heshiisyadiisa la dhammeeyo cidda maamulaysa, si 01 Julaay loo midoobo iyada oo wax kastaa diyaar yihiin. Waxaa lagu heshiiyay Xeerkii Midnimada qabyo qoraalkiisii.

Shir dastuuri ah (Constitutional Conference) ayaa degdeg loogu qabtay Landhan, 02 - 12 May 1960, waxaana lagu heshiiyay xorriyadda British Somaliland inay dhacdo

26 Juun 1960. Ingiriisku waxyaalihii ay ka hadleen waxaa ka mid ahayd dhalashada, Soomaalidiina waxay la yimaaddeen xeer dhalasho oo qabyo ah, kaas oo ay ku qornayd "Ilmihii Soomaali ah ee ku dhasha dhulka Somaliland, ama aabbihii yahay muwaadin Soomaaliyeed marka uu ilmuhu dhashay, waxa uu noqonayaa muwaadin Somaliland." Wax caqabad ah in la hordhigo ma aysan rabin.

04 Juun 1960 ayaa wafdi Cigaal hoggaaminayay ay tageen Muqdisho si loo dhammaystiro Xeerkii Midowga.

26-Kii Juun 1960 ayay British Somaliland xorowday. Wafdigii Golaha Shacabka Soomaaliya ka socday ee uu hoggaaminayay Aadan Cabdulle Cusmaan, oo dabbaaldegga loo casuumay, waxay habeenkii xigay shir dheer la galeen Cigaal si midowgii looga sii wada hadlo qaabkuu u dhici lahaa. Maalintii xorriyadda xigtay, 27 Juun 1960, ayaa Golihii Sharcidejintu (Legislative Assembly) ansixiyay xeerkii midnimada. 28 Juun kulankii Legislative Assembly waxaa ka soo baxday inaan shuruud lagu xidhin midowga, 30 Juun dhammaan xukuumaddii iyo golihiina waxay u safreen Muqdisho si maalinta xigta ay xorriyadda uga qaybqaataan.

26 Juun calankii Ingiriiska waxaa beddelay calanka buluugga ah ee xiddigta leh. Calan gaar ah oo Somaliland loo sameeyay ma jirin. Dalweyne Soomaaliyeed oo xorriyaddiisi qaadanaya, ayay Somaliland noqotay qaybtii ugu horraysay ee si rasmi ah xorriyad u gaadhay.

Shacabkii Soomaaliyeed ee calankaa u ilmaynayay markii la taagay, waxgaradkii iyo abwaannadii, ayuu nijaas wejiga kaga saydhayaa qofka maanta calankaa la dirirayaa.

Saadia Touval waxa uu degdegga ku sababeynayaa in

xisbiyadu ay ballanqaadyo dadka u sameeyeen laguna hayay cadaadis xooggan inay meelmariyaan xorriyadda iyo midnimada. Intaa waxaa dheerayd, buu leeyahay, welwel ay ka qabeen inay noqdeen "shoodhihii yaraa" haddii xorriyaddooda iyo midnimadu ay ka dib dhacaan 01 Julaay 1960, taas oo u keeni kartay inay gacan hooseeyaan marka ay noqoto in la midoobo.

Waxyaalaha cajiibka ah waxaa ka mid ah, in ururrada Waqooyi ka jiray aysan wadan magac qabiil, iyaga oo qabiil ku wada dhisan. Laakiin Koonfur in badan ayaa watay magicii qabiilka oo qayaxan.

Gabagabo

Midnimadii 60-kii waxay ahayd mabda' ka wada go'an shacabka Soomaaliyeed iyo xisbiyadii siyaasadeed ee Waqooyi iyo Koonfurba awoodda ka lahaa. Midowga hirgalintiisa ayay xisbiyadii Waqooyi doorashadii ku galeen oo ay dadka cod kaga raadinayeen. Midow ma rabno cidna kama gadmayn, siyaasi mustaqbal rabaana kuma dhiirran karin inuu dadka la hor yimaaddo.

SYL waxay ahayd xisbiga ugu weyn Koonfur. Sidaa oo kale, waxay ku jirtay doorashadii waqooyiga ka dhacday oo ay tartamaysay. Taas ayaa si cad u muujinaysa wacyigii iyo rabitaankii Soomaali dhexdeeda ka jiray. Waxa doorashada lagu galayay ee dadka loo ballanqaadayay waxay ahayd midnimo Soomaaliyeed iyo dawladnimo Soomaaliyeed oo midaysan. Dhammaan xisbiyadii British Somaliland ka jiray way ka sinnaayeen taas.

Isweydiiyoo, ma xorriyad la qaatay baa Muqdisho loola "rooray" iyada oo la qiiraysan yahay oo midnimo Soomaaliyeed la raadinayo? Ma qiiro darteed baa loo "saqiiriyay" dawlad British Somaliland u dhalatay?

Mise, dhalashadeeduba waxay xilligan ku timid inay qayb ka noqoto dhulkii kale ee xoroobayay oo la midoobo?

Ma qalad baa la galay afar maalmood gudahood, mise wuxuba wuxuu ahaa qorshe yoolkiisu yahay dhisidda hal dal oo midaysan?

Waxaa cad in dhaqdhaqaaqa xorriyaddoon ee British Somaliland uu ka dabqaadanayay wixii ka socday Koonfur.

Shanta qaacido ee diinteennu ku wareegto waxaa ka mid ah الامور بقاصدها, oo wax kastaa waa ujeedka laga leeyahay. Nidaamka dawladeed ee lagu dhaqmayay ayaa dhigayay in tallaabooyinkan la qaado (due process). Rabitaan iyo heshiis Soomaaliyeed oo xeerarka caalamiga ah lagu "xalaaleynayo" ayayna ahayd.

$$\text{تِلْكَ أُمَّةٌ قَدْ خَلَتْ ۖ لَهَا مَا كَسَبَتْ وَلَكُم مَّا كَسَبْتُمْ ۖ وَلَا تُسْأَلُونَ عَمَّا كَانُوا يَعْمَلُونَ}$$ ﴿١٣٤﴾

Waxba yaan la isku mashquulin dib u qoridda taariikh qoran e, hadda iyo dan.

Maanta siyaasaddeenna waxaynu ku salaynaynaa oo aynu ku wada hadlaynaa, inaan nahay labo qaybood, innaga oo dooddeenna sal uga dhigayna in gumeysigii Ingiriis iyo Talyaani ay dhulkeenna kala qaybiyeen ayna tahay in aynu qaddarinno taas! Waa wax laga murugoodo.

$$\text{إِنَّ اللَّهَ لَا يُغَيِّرُ مَا بِقَوْمٍ حَتَّىٰ يُغَيِّرُوا مَا بِأَنفُسِهِمْ}$$

Alle ma beddelo xaaladda (barwaaqo iyo belaba) dad ku sugan yahay ilaa ay iyagu beddelaan xaaladda nafahoodu ku sugan yihiin (dhaqankooda)

DHAMBAALKA JIMCAHA – 15

12 Dulqacdah 1441
03 Julaay 2020

MUSBAAXA TAARIIKHDA 4

*"Taariikhdu waynoo musbaax maanka caawima e
Adoo male gudaayaad yaqiin marar ku gaadhaaye
Makaankaaga waa inaad taqaan meelba waxa yaalle,"*

—Xaaji Aadan Afqallooc: Ceerigaabo.

Muqdisho

Gumeysigii Koonfur ee Talyaanigu muddo ahaan wuu ka koobnaa kii Waqooyiga (42 sano iyo 73 sano). Maxaa yeelay, wuu ka dambeeyay kii Ingiriiska wuuna ka hor dhammaaday, oo Ingiriiska ayaa kala wareegay 1941, ilaa iyo 1950-kiina iyaga ayaa maamulayay Waqooyi iyo Koonfurba. Ka dibna waxaa Koonfur kala wareegay Talyaaniga oo ku maamulayay korjoogtaynta iyo "wisaayada" Qarammada Midoobay, si uu Soomaalida u gaadhsiiyo heer ay ismaamuli karaan, oo ay ku hanan karaan xorriyaddoodi la siiyay 1949 laakiin hirgali kartay uun 1960.

Ka dib doorashadii 1956, waxaa samaysmay ismaamul Soomaaliyeed (Daakhili) oo awood u leh maamulka iyo sharcidejinta arrimaha gudaha, halka Talyaanigu arrimaha dibadda iyo difaaca gacanta ku hayay. Waxaa asaasmay Gole Sharcidejin iyo xukuumad ay SYL aqlabiyadda lahayd: 60-kii kursi ee Golaha, 43 waxaa ku guuleysatay SYL.

Doorashadii koowaad ee 1954 laga bilaabo, xisbiyadu qabiil ayay ku dhisnaayeen. 1954 waxaa ka qaybgalay 15 xisbi-qabiil. SYL in kasta oo ay qabiil-la-dagaallan ku dhisantay, haddana waxay ahayd xisbi Daarood iyo Hawiye ku suntan oo ay kala riixdaan. 1954, madaxweynaha xisbiga, ku-xigeenkiisa, xogyaha xisbiga, iyo in ka badan 3-meelood-2 guddida dhexe waxay ahaayeen Hawiye—lix ka mid ahi ay ka soo jeedeen reer Abgaal ka mid ah[1]. Isla xilligan, lix xubnood oo "Territorial Council" ku matalayay Majeerteeniya (Buntlaan oo aan Gaalkacyo ku jirin), 5 baa Cismaan Maxamuud ahaa. Xisbiga labaad ee Koonfur ugu weynina wuxuu ahaa Hizbiya Digil iyo Mirifle, oo waxa uu u taagan yahay ay magiciisa ka caddahay.

Xaaladdii Koonfur waxaa si waafi ah ugaga hadlay buuggiisa *Somalia: The Untold History, 1949-1969*, Maxamed Trunji. Walow uu taageere weyn u yahay Talyaanigii oo uu SYL ku adkeeyo meelo badan, haddana kayd taariikheed oo tixraac wata weeye buuggu oo lamahuraan ah. Qaybtan inteeda badan halkaas ayaan ka soo xigtay, walow aan tixraacyo kalana barbardhigay.

Doorashadii 1956 markii la gaadhay, loollankii Daarood iyo Hawiye ee SYL dhexdeeda ahaa wuxuu gaadhay heer uu xukuumaddii daakhiliga ahayd burburin gaadhay. Ra'iisul wasaare Cabdullaahi Ciise (Hawiye) iyo wasiirkiisi arrimaha gudaha, Xaaji Muuse Boqor (Daarood) waxay gaadheen heer aysan wada hadlin, sida ku xusan qoraalladii

---

[1] Trunji, b.270-71.

safaaraddii Ingiriiska ee Muqdisho, 1957.²

Markii xukuumaddii daakhiliga ahayd la sameeyay, Ra'iisal wasaaruhu wuxuu ahaa Hawiye, Guddoomiyihii Golaha Sharcidejintu wuxuu ahaa Hawiye, golihii wasiirradana intooda badan Hawiye ayay ahaayeen—inta badanna ka soo jeeda Gobollada Dhexe; Hiiraan. Sidaas si la mid ah, guddidii dhexe ee xisbiga SYL-na Hawiye ayaa u badnaa. Tani waxa ay keentay in Daaroodkii, gaar ahaan Majeerteen, ay ka gadoodaan sida wax u socdaan.

Markii ciidanka bilayska hoggaankiisa la Soomaaliyeynayay, 1958 ayaa Maxamed Abshir laga dhigay taliyaha bilayska. Maadaama uu Daarood ahaa, si Hawiyaha loo qanciyo, Janaraal Daawuud baa heerkii Maxamed Abshir loo dallacsiiyay oo laga dhigay ku-xigeenkiisi.

1958 ayay SYL xaalad adag gashay ka dib markii Xaaji Maxamed ku guulaystay hoggaaminta xisbiga. Ugu dambayn xisbigii waxaa laga eryay 21 May 1958, isna wuxuu samaystay xisbi kale oo la baxay Greater Somalia League (GSL). Walow uu Xaaji Maxamed ahaa reer Xamar aan qabiillada loollamaya ku jirin, wuxuu ka faa'iidaystay Daaroodkii SYL ka cabanayay ee lahaa Hawiyaa xisbigii la wareegay, wayna ku biireen xisbigisi cusbaa. Heer bay gaadhay GSL la dhaho waa xisbigii Daaroodka oo Daaroodkii SYL ay baaq u diraan Daaroodkii kale, ay leeyihiin ha inna qaybinnina, yaan Digil iyo Mirifle ka faa'iidaysan oo doorashada heline!³

1959 xukuumaddii SYL waxay geed dheer iyo mid gaabanba u kortay inay ku guuleysato doorashadii. Wixii ay

---

2 Trunji, b.330.
3 Trunji 304-5.

musuqmaasuqi kareen ayay musuqmaasuqeen. Si caadi ahna way ugu shubteen. Waddankii ay rabeen inay gumeystaha ka xoreeyaan, waxay galiyeen cabudhin siyaasadeed iyo in uu cagta saaray talada hal xisbi.

Dhanka Muqdisho, guddidii xisbiga ee laanta Muqdisho iyo kii dhexe ayaa madaxa isla galay maadaama labada qof ee loo soo sharxay midna Banaadiri yahay midna Daarood, magaaladana Abgaal sheeganayeen. Markii dambe, labo Abgaal ah ayaa qaatay labadii kursi ee Muqdisho, iyaga oo kala matalayay labo xisbi.

SYL waxay sheegatay inay heshay 83/90 kursi. Labo xisbi oo kale ayaa qaatay toddobadii kursi ee hadhay.

Golihii Sharcidejinta ee Koonfur, oo ka koobnaa 90, ee ay midoobeen Golihii Sharcidejinta ee Waqooyi, oo 33 ka koobnaa, waxaa ku suntanayd in ay yihiin: 39 Hawiye, 32 Daarood, 19 Digil iyo Mirifle[4]. Immika oo xorriyaddii lixdanguuradeedii loo dabbaaldegayo, Xildhibaan Mahad Salaad qoraal uu bartiisa Facebook soo dhigay ayaa markhaati cad ka ah in weli dhaqankii iyo mid ka darani socdaan. Wuxuu qoray, "Kuraasta Aqalka Sare sida loo kala haysto: Daarood 17, Dir 14, Hawiye 13, Digil & Mirifle 8, Beesha Shanaad 2. Adigoo ka sedbursaday Soomaali oo idil saami uma oggoli Banaadir adigana kuuma socon doonto!"

Dawladnimadii waxaynu u fahannay wax la kala dhacsado ee walax dadka u adeegta oo daryeelkooda iyo difaacooda ka shaqaysaba uma naqaanno. Dawladnimadeennu waa "wax qaybsi" ee ma aha "wax qabasho".

---

4 Trunji, b.325.

"Hud-hud iyo afmiishaar
Kan qabiilka huriyoow
Waxba ku heli meyside
Waad habowsantee joog."

—Cali Sugulle.

Walow doorashadu ay dhacday Maaj 1959, ilaa 16 Juun 1959 xukuumad lama samayn, loollankii qabiillada, danaysigii gaarka ahaa, iyo isdiidkii baa caqabad ku noqday. Xukuumaddii Cabdullaahi Ciise soo dhisay waxay ahayd 15 wasiir, oo uu Trunji ku tilmaamayo isbahaysi xubnihiisu kala matalayeen qabiillo laakiin huwanaa derejooyin dawladeed, sida wasiir. Daarood shan jago ayay heleen. Digil iyo Mirifle afar jago ayay heleen. Ra'iisul wasaarihii iyo afar jagana Hawiye ayaa helay. Dir waxaa la siiyay hal jago.

17 xildhibaan baa ka hor yimid oo dacwad bilaabay. Dacwaddaa waxaa ka mid ahayd in shanta Daaroodka, saddex aysan ahayn rag awood leh oo reerka u tirsan—midi waa mayac, midi waa duq, midna waa danayste ay Ra'iisul wasaaraha Hawiye asxaab yihiin!

Cabdirashiid Cali Sharmarke iyo Cabdirisaaq Xaaji Xuseen ayaa ka mid ahaa dadkii xukuumadda cusub diiday, iyaga oo ku dacwoonaya inay aad u badan tahay oo aysan miisaaniyadda dalku qaadi karin intaas oo wasaaradood iyo mushahar, iyo in aysan wasiirradan cusubi ahayn dad aqoon ahaan u qalma jagooyinkan.

Cabdirashiid oo Talyaaniga waxbarasho sare ku soo qaatay, wuxuu ku hanweynaa in jago sare loo magacaabo oo "aqoonyahanka" la tixgaliyo. Heer bay gaadheen ay maamulihii Talyaaniga ahaa u cabasho tagaan. Maamulihii Talyaanigu wuxuu si cad ugu sheegay inuusan magacaabidda wasiirrada waxba ku lahayn laakiin uu taageerayo Ra'iisul wasaaraha, haddii ay isku dayaan inay u tuuraan qaab aan dimuqraadi ahaynna, ay iyagu masuuliyaddeeda qaadayaan. Wuxuu u raaciyay, hanjabaadi waxba iga tari mayso, qabiil iyo qaabkuu u shaqeeyana aad baan u aqaannaa oo Sisili oo qabiil ku dhaqantaan ka imid!

Intaa kuma aysan joogine, Rooma iyo Qarammadii Midoobay bay farriimo u direen ay ku codsanayaan in maamulaha Talyaaniga ah la casilo! Maxamed Cosoble oo Hawiye ahaa mooyaane, inta kale ee ku saxiixnayd Daarood bay ahaayeen: 10 Majeerteen ah iyo mid Leelkase ah. Waxaa ku jiray Cabdirisaaq X. Xuseen, Cabdirashiid Cali Sharmaarke, iyo Muuse Boqor. Wax kale iska daaye inay Golihii Sharcidejinta ka adeegsadaan awooddoodii dastuuriga ahayd way diideen, markii dambana xisbigii waa laga eryay. Odayadii Hawiyana markoodii bay iska xaadiriyeen goobtii maamulaha Talyaanigu joogay, iyaga oo leh waanu taageersan nahay Ra'iisul wasaaraha 04 Julaay 1959.

Cabdirisaaq X. Xuseen iyo kooxdiisi ma joogsane New York iyo Qarammada Midoobay ayay iska xaadiriyeen. Waxaa iyaguna tagay xisbiyadii mucaaradka ahaa. Toban sano ka hor bay Soomaalidu ku murmeen isla goobtan. Maanta oo xorriyaddoodii soo carfaysana waa kuwan adduunka hortiisii isku haysta. Halka Cabdirisaaq uu SYL mucaarad ku yahay 1959, kuwii 1949 SYL mucaaradka ku ahaa ee Talyaaniga rabay, ayaa markan SYL matalayay oo difaacayay! Cabdirisaaq oo xukuumadda ka soo horjeeday, waxay isku kululaadeen danjirihii Masar oo dooddiisa u bogi waayay.

Dacwaddoodii lagama hoos qaadin, oo waxaa dhici kartay in xorriyaddaba lagu waayo ama dib loo dhigo haddii ay caddaato inaan Soomaalidu diyaar u ahayn ismaamul.

Sidaas halkii xisbi isugu marnaa baa dalkuna u qaybsanaa. Xukuumaddiina cod looma qaadin ilaa nidaamkii codka mooshin lagu beddelay kii qarsoodiga ahaa, si loo arko cidda diidday xukuumaddana guuldarro looga badbaadiyo. Toban ayaa diiday, ay ka mid ahaayeen Cabdirashiid Cali Sharmaarke, Xaaji Muuse Boqor, Maxamed Cosoble, iyo raggii kale ee farriintii hore ku saxiixnaa.

Odayaal isxilqaamay oo Aadan Cabdulle ku jiray ayaa ku dedaalay in 13-kii xisbiga laga eryay la soo celiyo. Isjiidjiid dheer ka dibna waa la soo celiyay, marka laga reebo Muuse Boqor oo diiday. Soo celintii kuwani waxay dhalisay in Sheekh Cali Jimcaale oo wasiirkii caafimaadka ahaa iscasilo, taas oo iyaduna dedaal dheer qaadatay in la xalliyo oo la soo celiyo. Muuse Boqor iyo Cali Jimcaale ayaa xurguf ka dhexaysay.

Danjirihii Ingiriiska u fadhiyay Muqdisho ayaa waxa uu leeyahay, "*tribalism had prevented people from seeing things through the eyes of a Somali rather than those of a Darod, Hawiye or Rahanweyn.*"—oo macnaheedu yahay in qabyaaladdii dadka ka indhatirtay inay indho SOOMAALIYEED wax ku eegaan halka ay wax kasta ku eegayaan indho DAAROOD, HAWIYE, ama RAXANWEYN.

Hargeysa

Habeenkii 30-kii Juun 1960, Ra'iisul wasaare Maxamed X. Ibraahim Cigaal, xukuumaddiisi, iyo golihii sharcidejintuba waxa ay u hoydeen Muqdisho, si ay qayb uga ahaadaan Jamhuuriyadda Soomaaliya ee dhalan doonta berri, 1-da Julaay 1960.

In kasta oo ay kala matalayeen saddex xisbi siyaasadeed, haddana, guud ahaan isku wada siyaasad ayay ahaayeen. Farqiga ugu weyn ee u dhexeeyay waxa uu ahaa, inay kala matalayeen qabiilladii degganaa dhulkaa Ingiriisku gumeysanayay 73-kii sano ee la soo dhaafay, ee uu ula baxay "British Somaliland".

Golaha sharcidejintu waxa uu ka koobnaa 33 kursi. Doorashadii Feberwari 1960 dhacdayna, 20 kursi waxaa ku helay xisbigii SNL ee uu Maxamed X. Ibraahim Cigaal hoggaaminayay. Labaatankan kursi waxay ka mid ahaayeen 21-kii kursi ee degaanka qabiilka Isaaq ku suntanaa (19 Isaaq ah iyo 1 Gabooye ah). Midka SNL ka baxsadayna waxaa helay Maaykal Maariyaano, oo hoggaaminayay xisbigii NUF, laftiisuna ahaa Isaaq.

12-ka kursi ee hadhay waxaa helay xisbigii ugu asaaska dambeeyay ee USP, oo ay mar dambe isku gaashaanbuuraysteen qabiilladii kale ee aan Isaaqa ahayn, lana asaasay doorashada wax yar ka hor Oktoobar 1959. Xisbigan hortii, Dhulbahante iyo Warsangeli waxa ay u badnaayeen xisbigii SYL laantiisi waqooyi, oo sida la sheego, waxaa SYL laanteedi waqooyi asaasay Saleebaan Cabdalle iyo rag kale. Saleebaan waa aabbaha Axmed

Saleebaan Cabdalle, Ina Dafle, oo ka tirsanaa Golihii Sare ee Kacaanka, ahaana taliyihii NSS-ta, ahna Dhulbahante.

Xisbigan asaasankiisi waxaa gabay ka tiriyay Xaaji Aadan Afqallooc, uu kaga digayo kala qaybsanka iyo qabyaaladda, isaga oo weliba Isxaaq iyo Ismaaciil magacaabaya, maadaama ay colaad fac weyni ka dhexaysay. Waxa uu leeyahay:

"Isxaaq iyo Ismaaciil beray amar lahaayeene
Asalna waa wadaageen horiyo ab iyo laandheere
Aakhiro tagoo waxaad tihiin inammadoodiiye
Aradkaad ku loollami jirteen uun kalaa degaye
Ummuurii horeetiyo la waa oday anaa roone
Idinkaysu anafoonayee laydinka adkaaye
Ninkastoo itaal sheegan jirey Gaalka waw inane

Addoomihii xoroboo xaq bay ku andacoodaane
Idinkana nin erey sheegay baa lagu uleeyaaye
Ikhyaar ma lihin oo waxaynu nahay adhi la raacaaye
Abtirsiinyo ficil waydey baad daba ordaysaane
Haddii baqalka aabbihii la yadhi noo astay magaci
Abtigaygu faras weeye buu abid ku faanaaye
Asba uma ekee xaajaduu ku asturaayaaye

Axwaasheenna goortaan arkiyo odayo sheeggeenna
Afkaa kala duwane labada xaal ways ashbahayaane
Idinkaan fekerin sidatan waa ku ambanaysaane

Itifaqa ikhwaan baad tihiin ehel walaaloode
Aqoon yeesha waa jaahilnimo waxaydin eeddeene
Waddankiinna ooyaaya iyo eega taladiinna

Ubadkiinna hadhayaa waxay ku aslaxaan fiirsha

Axraarnimada waa loo dhintaa diida amarkooda
Haddii uu Ugaandhiyo ka yimi aradka Nayroobi
Nin xun baw abtiriya iyo gaal addoonsadaye
Ahlan dhaha Madow idilkii waa Ina adeerkiine"

—Xaaji Aadan Afqallooc: Isxaaq iyo Ismaaciil.

Waa gabay muujinaya kalaqoqobnaanta iyo isdiidka dhex yaallay bulshadaa, iyada oo weliba gumeysi dhex joogay. Ma ahayn wax cusub ee waa xaalad jiilal badan soo socotay, siina xumaatay, oo 1950-meeyadii dagaal beeleed baa socday oo gamtaa la isku hayay.

USP in uu xilligaa dambe samaysmo waxaa keenay in aan reeraha ku bahoobay, gaar ahaan Dhulbahantuhu, markii horaba kaalin weyn kaga jirin xaaladdii siyaasadeed ee British Somaliland, oo aan wax badan dhaafsiisnayn Burco-Berbera-Hargeysa. Waana midda ay Warsangeli iyo Dhulbahante (Harti) SYL u ahaayeen una hanqaltaagayeen dhankaa, halka Gadabuursi iyo Ciise uu xidhiidhkooda dhanka Jabbuuti kaga adkaa kan British Somaliland.

SNL iyo NUF inay Isaaq u qaybsamaan waxaa qayb ka ahayd in Habar Yoonis, oo SNL u badnayd, iyo Habar Jeclo oo NUF u badnayd, ay col ahaayeen, oo 1955/1956 uu dagaal dhex maray, ilaa Ingiriisku xidhxidhay odayadii caaqillada u ahaa labada reer oo ay Saylac ku xidhnaayeen 6 biood.

Jaamac Maxamed Qaalib waxa uu buuggiisa *Taariikhda Soomaalida, Xogogaalnimo u badan*, ku faahfaahinayaa sidii uu xisbiga SNL ku samaysmay, walow tixraacyada kale uu ku khilaafayo sannadkii asaaska xisbiga. Sayid Axmed Sheekh Muuse oo Masar ka soo noqday ayaa asaasay xisbi magiciisu ahaa Xisbullaahi. Xaaji Aadan Afqallooc oo gabay dhiirrigalin iyo gumeysi-la-dirir ah ka tiriyay goobtii, waa la xidhay.

Qoraagu waxa uu sheegayaa in Habar Yoonis ay ururradii kale ka baxeen oo ay xisbigan ku ururreen, ilaa uu noqday "Naadi Habar Yoonis." Hal oday baa ka hadhay, sida qoraagu tilmaamayo. Laakiin xisbigan Ingiriisku wuxuu ka ururinayay Masar oo lama soo dhoweyn. Xusuuso waa xilligii Suweys. Habar Yoonis oo arkay in aysan qayb ku lahayn arrimihii socday, oo Ingiriisku soo dhoweysto arrimahana kala hadlo Maaykal Maariyaano, waxay bilaabeen dib u feker, waxayna go'aansadeen inay xisbi kale sameeyaan. Waxaa go'aan lagu gaadhay in talada xisbiga loo dhiibo qof aan Habar Yoonis ahayn. Markii la isweydiiyay ujeedka xisbiga, meelna la isla dhigay inay noqoto in Ingiriis laga xoroobo, ayaa odayadii mid ku taliyay in nin Habar Awal ah loo dhiibo xisbiga. Waxaa xigtay, "Kan yar oo aynu abtiga u nahay, oo Ingiriiska u cadhaysan" inoo doona. Sidaasaa Maxamed X. Ibraahim Cigaal loogu dhiibay, isaga oo qiyaastii 23-jir ah. Qoraagu waxa uu cadhada Cigaal ku fasirayaa in aan Ingiriisku ku darin Golihii Sharcidejinta ee uu magacaabay, iyada oo Cigaal uu Qaahira keligii kaga qaybgali jiray shirarka ururrada xornimadoonka ah ee dalalkii la gumeysan jiray.[5] Qoraagu waxa uu buuggiisi hore ee *The Cost Of Dictatorship* [p.25] ku sheegayaa in SNL ka dhalatay SNS oo boodhka laga jafay.

---
5 *eeg* bb.99-100.

Marka la fiiriyo xaaladda kala qaybsanaanta qabiil ee jirtay, ee Isaaq dhexdii xataa ka jirtay, waxaa la isweydiin karaa: Soomaalilaan madaxbannaan oo iskeed u taagan kana wada talisa intii Ingiriis gumeysanayay, intee ayay sii jiri kari lahayd? Mise Hartina Soomaaliya ayuu ku biiri lahaa, Gadabuursi iyo Ciisana Jabbuuti, oo waxaa isu soo hadhi lahaa Isaaq oo keli ah? Laakiin, Isaaq qudhiisu ma midaysnaa oo ma israaci lahaa? Waa maya.

Iyaga oo ku wada socday qorshaha midnimo ee 01 Julaay 1960, haddana SNL oo aqlabiyadda heshay ma dhisin xukuumad e, waxaa samaysmay isbahaysigii SNL-USP, afartii wasaaradoodna labo labo ayay u qaybsadeen, si uusan u dhalan dareen ah 'Isaaq baa meeshii qabsaday' oo aysan u kala daadan. Dadkani qabiil bay yaqaanneen, qabiil ayaana la isku dooranayay oo wax lagu qaybinayay, caqliguna wuxuu ahaa: "War ma innagii baa isu dawladaynayna?!"

In aysan taasi isbeddeli lahayn waxaa caddayn u ah, xaaladda maanta taagan, 60 sano ka dib, iyada oo intii hore laga aqoon badan yahay, laga xogogaalsan yahay, lagana dhaqaale badan yahay.

SNL iyo NUF waxaa maanta beddelay Kulmiye, Waddani, iyo UCID. Booskii USP-na waxaa cidhiidhsanaya Cali Khaliif iyo Axmed Samatar. Isbahaysigii "Jeegaanta" ee Muuse Biixi ku soo baxay wax badan kama duwanayn isbahaysigii ay NUF ku dhisnayd, halka Waddaniga maanta uu ka dhigan yahay SNL-tii hore.

Lixdankaa sano halkii iyo meel ka daran baa la taagan yahay, ee waxba yaan la haaraamin midowgii 1-dii Julaay 1960. Qeexidda waallidu, baa la yidhi, waa inaad isla falkii samaysid laakiin aad natiijo tii hore ka duwan raadisid.

In aan isyaraynaa xal ma keenaysaa?
In Soomaalilaan go'daa xal ma noqonaysaa?

SNM markii ay qabsatay gobolladii Waqooyi, dawladdii dhexena dhacday, ee Soomaalilaan la asaasay, muddo yar ka dib Isaaq waa kuwii isu muuqday ee Habar Habar isu laayay. Nasiibwanaag way heshiiyeen nabadna way dhalatay, laakiin waxay ku dhisan tahay 'ha i daarin ku daari maayee' waxna isuguma jiraan ee waa la wada deggan yahay uun. Soomaalilaan inaysan jidkii la yaqaannay ka leexan waxaa daliil u ah, sida dhulkii la wada degi jiray looga riixay reerihii aan Isaaqa ahayn, sida Gabiley iyo Wajaale, oo Gadabuursi lagu cidhiidhyay lagana riixday in badan. Markii horana awooddii iyo hubkii SNM waa tii lala jiidhay Awdal iyo Gadabuursi.

Dhanka Koonfur, USC markii ay Muqdisho qabsatay, Siyaadna laga bursaday, waa tii labo kala noqotay ee Habargidir iyo Abgaal isku dhammeeyeen. Habargidir iyo Xawaadlana waa kuwii madaxa isdaray.

Daarood waa kii Kismaayo isku laayay, ee ay mar noqotay Harti iyo Ogaadeen, marna Harti iyo Marreexaan, marna Marreexaan iyo Ogaadeen—tan dambe oo hadda Farmaajo iyo Madoobe ay dib u huriyeen.

Buntlaan markii la aasaasay, Majeerteen waa kuwii isku laayay, ka dib markii xukuumaddii ugu horraysay ay samaysay muddo kororsi aan dastuurka waafaqsanayn. Cabdullaahi Yuusuf waa tii ay Majeerteenkii kale, oo uu ugu horreeyo Ciise Maxamuud ka gadoodeen. Reer Barigii iyaguna waa kuwii ku kacay taas oo kalliftay in uu Cabdullaahi Gaalkacyo saldhig ka dhigto, muddo ka dibna uu duullaan lagu riiqday ku qabsaday Garoowe, Qardho, iyo Boosaaso, wixii xilligaa ka dambeeyayna ay u muuqato in Maxamuud Saleebaan ay ku heshiiyeen in xukunka Buntlaan uu noqdo hagbad iyaga ku dhex wareegta.

Taasi waxay ku tusinaysaa in ismaamullada qabyaaladda iyo reeraha ku dhisani aanay xal u ahayn Soomaalida, mar walba oo ay cidi meel isugu soo hadhanna uu dhexdeeda ka bilaabanayo loollan dhala dagaal iyo dhiig qulqula. Haddii ay Buntlaan maanta xal ka doonayso Soomaali reeraysan, caddaaladi inay sidaa ku timaaddana ay ka filayso, hal mar dib ha u dhugato tagtadeedii dhowayd, taaganteeda maanta, iyo guuxa dhexdeeda ka jira ee hugunkiisu uusan kor u soo bixin, mar aan fogayna qarxi kara.

Degaannada Soomaaliyeedna waa wada sidaa. Cid kale oo ay la noolaadan iska daaye, Dhulbahante dhexdiisi buu Laascaanood ku wada noolaan la' yahay. Mudug waa dagaal-u-joog. Oodweyne teedu musalsal lala qabsaday bay noqotay.

Soomaalinnimo wixii aynu ku waynay, reer-reer iyo iskala qaybin ku heli mayno. Waa habeenkii xalay ahaa oo tagay.

Dawladnimo Soomaaliyeed laguma khasaarine, qabiilkii aynu dawladaynaa lagu khasaaray.

Laakiin dadkii intaa ka soo taliyay tagee, hadda iyo dan.

$$\text{تِلْكَ أُمَّةٌ قَدْ خَلَتْ ۖ لَهَا مَا كَسَبَتْ وَلَكُم مَّا كَسَبْتُمْ ۖ وَلَا تُسْأَلُونَ عَمَّا كَانُوا يَعْمَلُونَ}$$

Gabagabo

Hore ayay Soomaalidu u tidhi laabi labo u la'. Waana fasiraadda qayb ka mid ah aayadda Qur'aanka ah ee:

$$\text{مَّا جَعَلَ اللَّهُ لِرَجُلٍ مِّن قَلْبَيْنِ فِي جَوْفِهِ}$$

In qabiilka la rujin waayay waxaa sabab looga dhigi karaa danaysiga siyaasiga, kelitaliska, iyo daryeel la'aanta qofku kala kulmo "Qaranka". Waa tii Xaaji Aadan lahaa:

"Marka xaqa la awdaa tolnimo loo abtiriyaaye
Haddii uu insaaf jiro qabiil lama ogaadeene
Kolkuu oday durbaanka u tumuu inan cayaaraaye
Wax ka dhigan mas'uul edeb xunoo lagu il-qaadaaye
Dadkuna kuma aqbalo qalad hadday kugu arkaayaane
Adna iinta inaad dhawrataad ku arrin weydaaye,"

—Xaaji Aadan Afqallooc: Wax Na Dilay.

Qabiil iyo Qaran waa labo aan isqaadi karin, waana mawduuc uu buug qiime leh ka qoray Rashiid Sheekh Cabdillaahi. Qoraagu waxa uu leeyahay, "Dhaqan-siyaasadeedka qabiillada reerguuraaga Soomaalidu waa weel daldaloo[1] badan oo aan caano lagu shuban karin."[6]

Soomaali ahaan, falsafadda gundhigga u ah siyaasaddeennu waa qabiil. Isagaa dhib iyo dheef lagu mutaa, laguna xisaabtamaa. Adduunka qofku wuxuu xaq ku helaa, masuuliyadna ay ku kortaa muwaadinnimada

---
6 b.137.

dawladda uu xadkeeda ku dhex nool yahay ama u dhashay. Innaga halbeeggeennu waa qabiilka. Siyaasaddeennuna waa tii Jaamac Kediye lahaa: "Qabiilkay la seexataa."

"Waxay sanniftaa sharciga
Caddaaladday seeggan tahay
Xaqsoorkay suus ku tahay
Sinnaantay cudur ku tahay
Dulmigu inuu saramaray sallaanka u toosisaa
Eex bay ka samaysan tahay.

Sagaal dhaban baa igu yaal
Gacmahaan laba saarayaa
Toddoba sacabbo uma helin
Sidaasina waa layaab."

— Jaamac Kediye.

Warkii oo kooban,

"War yaan laydin dabargoyn qabiil dawlad noqon waaye,"

—Abshir Bacadle.

"Dugsi ma leh qabyaaladi waxay dumiso mooyaane,"

—Cabillaahi Suldaan Timacadde.

إِنَّ اللَّهَ لَا يُغَيِّرُ مَا بِقَوْمٍ حَتَّىٰ يُغَيِّرُوا مَا بِأَنفُسِهِمْ

Alle ma beddelo xaaladda (barwaaqo iyo belaba) dad ku sugan yahay ilaa ay iyagu beddelaan xaaladda nafahoodu ku sugan yihiin (dhaqankooda).

DHAMBAALKA JIMCAHA – 16

19 Dulqacdah 1441
10 Julaay 2020

"WAR YAAN LAYDIN DABARGOYN..."

يَا أَيُّهَا الَّذِينَ آمَنُوا

"War yaan laydin dabargoyn qabiil dawlad noqon waaye,"

—Abshir Bacadle.

"Dugsi ma leh qabyaaladi waxay dumiso mooyaane,"

—Cabdillaahi Suldaan Timacadde.

"Dugsi ma leh..."

Lixdan sano ayaa laga joogaa dhalashadii "dawlad" Soomaaliyeed oo madaxbannaan. Haddii aynu wax yar uun ka barannay sooyaalkeennaa dawladnimo, waa in aan qabyaaladi dugsi lahayn, sidii Cabdillaahi Suldaan Timacadde sheegay. Qabiilkii la uurgalay qaranka ayaa ugu dambayn soo riday oo saqiiriyay, ilaa maantana hortaagan dhalashada qarannimo la qiimeeyo.

Lixdan sano oo aynu qabiil qurxinaynay oo aynu dhar

dawladeed u xidhaynay, afkana u xamuuradaynaynay, xalwad iyo xabagbarsheedna ku quudinaynay, natiijadii waxay noqotay: doofaar ma daahiro, oo qabiilka labbis dawladeed waa loo xidhi karaa laakiin si kasta oo loo rogrogo, qabiil qaran noqon waa.

"Dhagax iyo dab
Layskuma dhuftee
Kala dhawraay!

Wax ka dhigan qabiil
Qaran la dhex geshee
Kala dhawraay!

Ways dhinac wadnaa
Kala dhawraay!

Kala dheer labaduye
Kala dhawraay!"

—Cali Sugulle: Gobannimo.

In aan yaqiinsanno in dhibaato jirto ayaa ah tallaabada koowaad ee xal lagu heli karo. Ka dibna waa in aan qeexno waxa ay dhibtaasi tahay iyo meesha ay salka ku hayso. Ma aha in aan milil dusha ka dhayno, ee haddii xal waara la doonayo, waa in aan sarnaa oo aan malaxda ka sii daynaa. Taariikhdeenna haddii aynaan xaqiiqadeeda wajihin, ee aynu qurxinno, jiilba jiilka xiga ayuu majaraha ka habaabinayaa. Halganno iyo halyeeyo huuhaa ah bay reer kastaa allifteen.

Xalku wuxuu ka bilowdaa in aan nafaheenna runta u sheegno. Taasina waxa ay ahayd halkii uu Dhambaalkii 15-aad xoogga saarayay.

Sidaas awgeed, waxaa lamahuraan ah in aynu dib u xisaabtanno oo aynu jihada innaga qaldantay dib u saxno.

حسن السؤال نصف الجواب.

Bulsho qabiil dilooday oo ka fayoobaatay waynu haynaa. Waa Carabtii uu ka dhashay Nebigu SCW. Sidii aynu dhibaato ugu qabnay boqortooyadii Xabashida, ayay Carabtaasina dhibaato ugu qabeen Imbaraadooriyadihii Ruum iyo Faaris. Waxay ahayd bulsho dhaqankeedu aad u shabbaho keenna. Dawadii ay diintu ku samatabixisayna waynu haysannaa. Baabi'inta qabiilku way adag tahay. Laakiin dhibta ka iman karta adeegsigiisa qaldan, waa la dawayn karaa. In qaranku qofka daryeelo, in caddaalad iyo sinnaan la helo,... ayaa lagu dawayn karaa. Haddii qabiilku daboolayo baahidii qofka ee qaranku dayacay—dani waa seeto.

"Marka hore heshiis iyo midnimo galiya maankiina."
—Jaamac Kediye.

Qabiil > Shacab

Abuurta aadanuhu waa mid aan oggolaanayn in uu keligii noolaado, taas oo ku qasabta in uu bulsho ku dhex jiro. Waa ta la dhaho aadanuhu asal ahaantiisa waa bulshaawi, ama "مدني بالطبع", ama "a social animal".

Bulshada ka dhalata isutagga aadanuhu qaabab kala duwan ayay yeelan kartaa, innagana teenna unuggeedu waa abtirsiga iyo qabiilka. Bulshada dhismaheedu marxalado ayuu maraa, qabiilkuna waa marxalad kuwaas ka mid ah. Xilligii Nebiga SCW mar uu maqlay habarwacasho qabiil, ayuu yidhi:

$$\text{مَا بَالُ دَعْوَى الْجَاهِلِيَّةِ ؟}$$

"Maxaa keenay habarwacashadii jaahiliyada?"

Waxaa loo sheegay in labo wiil oo kala reer ahi dagaallameen, ka dibna Suubbanuhu SCW waxa uu yidhi:

$$\text{دَعُوهَا فَإِنَّهَا مُنْتِنَةٌ}$$

"Ka taga way uraysaaye."

Halkan waxaan ka dheehan karnaa in habdhaqanka hiillada qabiilku uu yahay wax laga hormaro oo laga gudbo, kana tirsan habnololeed dibudhac ah, oo uraya sidii bakhti.

Waxa uraya, taabasho iska daaye xataa looma dhowaado, waana halka ereyga Nebigu SCW adeegsaday ay murti qotadheeri kaga duugan tahay.

Qabiilku, asal ahaantiisa, waa wax la isku garto oo qofku ehel iyo qaraabo ku xidhiidhiyo, laakiin sharafta iyo mudnaanta qofka laguma jaangooyo. Qabiilku maanta ma aha halbeeg ummadi wax ku qabsato ama ku qaybsato ama ku qanacdo ku xisaabtankiisa.

يَا أَيُّهَا النَّاسُ إِنَّا خَلَقْنَاكُم مِّن ذَكَرٍ وَأُنثَىٰ وَجَعَلْنَاكُمْ شُعُوبًا وَقَبَائِلَ لِتَعَارَفُوا ۚ إِنَّ أَكْرَمَكُمْ عِندَ اللَّهِ أَتْقَاكُمْ ۚ إِنَّ اللَّهَ عَلِيمٌ خَبِيرٌ ۝

Aayaddan iyo aayadaha kale ee Qur'aanku waa kuwii qaabeeyay fikirkii jiilkii ugu fadliga badnaa ummaddan, ee qabiillo colaad iyo dagaal-u-joog ahaa ka dhigay ummad walaalo ah oo hal hadaf leh, kuwaas oo nooc la mid ahi uusan mar dambe adduunka soo marin.

Carab oo qabiil la hadhay, oo 40 sano isku laaya hal la dilay, ayay diinta Islaamku midaysay oo ay gaadhsiisay in ay muddo kooban ku gaadhaan horumar ummadaha ku qaadan jiray boqollaal sano.

Qabiil waxaa looga gudbaa shacab iyo bulsho ay mideeyaan han, hiraal, iyo hannaan. Haddii qofafkii qaraabadu xidhiidhisay ay qabiil noqdeen, qofaf iyo qabiillo mabda' iyo caqiido xidhiidhiyeenna waxay sameeyaan ummad iyo bulsho. Innagana waxaa inna midaysa caqiidada Islaamka, oo haddii walaalihii aabbe ku abtirsanayay ay qabiil ku arooreen, kuwii iimaan ku abtirsanayayna waa walaalo mabda' iyo caqiido ee ma aha mani iyo calooli kuwo ay mideeyeen. Labadaasi siday u kala sharfan yihiin ayayna u kala heer sarreeyaan labada halbeeg.

Sidii aan dhambaallo hore ku soo marnay, dad badan iyo dalal badan baa soo maray xaaladdan oo kale, kana gudbay. Ingiriiskan iyo Talyaanigan iyo Faransiiskan inna kala qaybsaday baa sidan iyo si ka daran ahaan jiray, oo la kala qaybsaday mar hore. Iyagaa kala daadsanaa oo cadowgoodu ku dul dagaallami jiray, laakiin way ka gudbeen.

Dhammaan ummaduhu waxay dawladnimo ku gaadhaan diin iyo caqiido, oo ay kaga gudbaan marxaladda reer reernimada, qabiilka, iyo iskaashiga ku kooban tolka isxiga uun, ayna ku noqdaan ummad isleh oo is-ah.

Cudurrada isku midka ah isku dawo ayaa loo qaataa. Cudurkan qabyaaladda ee inna la hadhayna dawadiisi way taallaa ee innagaa ka warwareegayna oo marba gidaar awdan madaxa ku dhufsanayna. Bulshadeenna wax aan diin ahayni ma hagaajin karaan. Carabtii jaahiliyadu sideennan bay ahaayeen. Islaamkaa dad qumman ka soo saaray. Imaam Maalik ayaa laga hayaa odhaah macnaheedu yahay: ummaddan kuweeda dambe waxa keli ah ee hagaajin karaa waa wixii kuweedi hore ku hagaageen.

لن يصلح آخر هذه الأمة إلا بما صلح به أولها

Sideedaba, qofka Muslinka ah ee aysan sheegasho ka ahayn e, kaga dhabeeya macnaha "Islaamnimadu", waa qof isu dhiibay Alle iyo amarkiisa, oo aan meelo kale tuubbo ugu xidhnayn. Waa qof aan waxba ka hor marin amarka Alle iyo Rasuulkiisa SCW, oo jiheeyihiisu ku jaango'an yahay warkooda.

Waa midda ay innagu tarbiyaynayso aayadda koowaad ee suuradda al-Xujuraat, oo lagu tilmaamo "Suuradda Akhlaaqda".

$$\text{يَا أَيُّهَا الَّذِينَ آمَنُوا لَا تُقَدِّمُوا بَيْنَ يَدَيِ اللَّهِ وَرَسُولِهِ ۖ وَاتَّقُوا اللَّهَ ۚ إِنَّ اللَّهَ سَمِيعٌ عَلِيمٌ ۝}$$

"Quruun waliba cudur qaasahoo qaybiyaa jiraye
Soomaali belo loo qoraye qalinka loo saarey
Wax qabiil ka daran jahanamaan qiray aqoonteyda
Qadartaana iga hiilisaye qolo ma sheegteene
Maanaa qabiil doorbidoo qaranka aafeeya
Maanaa Qur'aankiyo ka taga qawlki Nabigeena
Qatli muumin maanaa hub iyo qarash ku taageera
Ma qaruuradbaan calashadaa qodata beerkeyga
Ilaahayow adigu haygu qaban Qaadir baa tahaye
Qaraabo iyo ehel riximnimaa loo qadariyaaye
Waa sanam qabyaaladi haddaad igu qanceysiine."

—Abshir Bacadle: Qabyaalad.

Alle waxa uu innagu hanuuninayaa in Mu'miniintu ay yihiin walaalo mabda' mideeyo.

$$\text{إِنَّمَا الْمُؤْمِنُونَ إِخْوَةٌ فَأَصْلِحُوا بَيْنَ أَخَوَيْكُمْ ۚ وَاتَّقُوا اللَّهَ لَعَلَّكُمْ تُرْحَمُونَ ۝}$$

Mu'miniintu waa dad isu damqada oo isu diirnaxa, sidii

uu innoo sheegay Suubbanuhu SCW. Sida ay kalgacal isugu hayaan, ee ay isugu naxariistaan, waxay ka dhigan tahay sidii jidh keli ah, oo haddii xubin ka mid ahi ay xanuusato, jidhkoo dhani la wadaagayo kaarka iyo soojeedka.

مثل المؤمنين في توادهم وتراحمهم وتواصلهم كمثل الجسد الواحد ، إذا اشتكى منه عضو تداعى له سائر الجسد بالحمى والسهر

Mar kale Nebigu SCW waxa uu xidhiidhka Mu'miniinta ka dhexeeya ku matalay sidii dhismaha ay qaybihiisu iskaabayaan ee ay istaageerayaan.

المؤمن للمؤمن كالبنيان يشد بعضه بعضا

Halkan Nebigu SCW waxa uu innagu barayaa ahmiyadda ay leedahay is-ahaanshaha bulsheed... Waa arrinta ugu weyn ee aynu odhan karno hoggaanka siyaasadeed ee Soomaalidu waa ay ku guuldarraysteen.

Rashiid Sheekh Cabdillaahi, buuggiisa *Qaran iyo Qabiil: Laba aan is qaban*, ayuu meelo badan kaga hadlayaa sida ay lamahuraan u tahay in is-ahaansho bulsheed xoogga la saaro. Waxa uu ku doodayaa in halkii Sayid Maxamed uu dagaalka kala galayay gumeystihii, ay ka qummanayd in uu tan xoogga saaro, "...qaddiyada koowaad ee halganku waxa ay ahayd Soomaali isahaanshaheeda bulsheed iyo siyaasadeed, garaadkeeda ummad ahaaneed iyo magaca dhaadashadeeda. Taas dhabaynteeda ayay guushu ku xidhnayd." Qoraaga oo sii wadaa waxa uu leeyahay, "Waxay guushu ku iman lahayd in waqti badan la geliyo isu-keenidda dadka iyo in lagu mideeyo ruux Soomaalinnimo iyo islaannimo; ayna taas isugu hiiliyaan oo isugu hilloobaan."

Islaamku waa in qof walba xaqiisa iyo mudankiisa loo siiyo si caddaalad ah.

Islaamku masuuliyadda waxa uu saarayaa qofka, oo ah kan aakhiro lala xisaabtamayo. Qofkii caqiidadiisa iyo camalkiisa ku meelmari waaya, reer hebelnimo waxba u tari mayso. Maxaa yeelay sharafta aakhiro ka shaqaysaa ma aha reer hebelnimo iyo laandheerennimo e, waa taqwada Alle.

$$\text{إِنَّ أَكْرَمَكُمْ عِنْدَ اللَّهِ أَتْقَاكُمْ}$$

Ma jirto cid 0.5 ah ee Mu'miniintu way siman yihiin dhalasho ahaan, wayna isu dhigmaan. Carabi kama fadli badna Cajam, iyana kama fadli badna Carab, mid casi kama fadli badna mid midow, isna kama fadli badna midka cas— waxa la isdheer yahay ee lagu kala fadli badan yahay waa taqwada Alle.

ألا لا فضل لعربي على عجمي ولا لعجمي على عربي ولا لأحمر على أسود ولا لأسود على أحمر إلا بالتقوى، إن أكرمكم عند الله أتقاكم.

Qofkii aan aakhiro wax u dhitaysan, qabiilkiisu waxba tari maayo, oo waalidkii baa ilmihiisi ka cararaya!

من أبطأ به عمله لم يسرع به نسبه.

Haddii camalkaagu kula hadho, nasabnimadaadu intay ku qaaddo oo kula oroddo, dadka ku dhaafin mayso e, haddaba ka danayso.

Aakhiro marka la tago, lagu weydiin maayo reer hebelkii aad u hiilinaysay ee aad u dagaallamaysay inay dadka maamulaan ama ka sedbursadaan, iyo hebelkii aad kursigiisa u diriraysay adigoo "sharafta" reerka dhowraya. Laakiin waxaa lagu weydiinayaa amarkii Alle iyo Rasuulkiisa wixii aad ka yeeshay. Waxaad fashay baa qabriga wehel kuugu noqonaya e, suuratul Xujuraat u dhugmo yeelo oo warkeeda ku dhaqan— waa badbaadadaadee.

$$\text{وَلَـٰكِنَّ اللَّهَ حَبَّبَ إِلَيْكُمُ الْإِيمَانَ وَزَيَّنَهُ فِي قُلُوبِكُمْ وَكَرَّهَ إِلَيْكُمُ الْكُفْرَ وَالْفُسُوقَ وَالْعِصْيَانَ ۚ أُولَٰئِكَ هُمُ الرَّاشِدُونَ ۝}$$

"Ilaahii makhluuqoo dhan iyo, dunidan meegaaray
Muslinnimo kolkuu soo dejay, ee Muxamed soo
    saaray(scw)
Ee magaca aan sheeganiyo midabka noo yeelay
Ee uu madow nooga dhigay amase maariinka
Ee uu mabada'a noogu xidhay muuminnimo khaas ah
Wallee inuusan meeqaan xille iyo meel xun noo dirine
Ma maroorto suu nala damcay ee way macaan tahaye
Mana moogin tuu mudan yahee mahadnaq weeyaane
Isagaa Macbuudkii ah oon magan galaynaaye
Mana jiro wax kale oo maslaa muran la'aantiiye."

—Dhoodaan: Ha Midowdo.

"Mataan iyo walaal inaad tihiin galiya maankiina."
—Jaamac Kediye.

Akhlaaqdaa Bulsho Dhista

"Ikhwaa magaca laydiin baxshee eedda kala daasta."
—Xaaji Aadan: Miyaydaan Aqoon Diinta?

Wada noolaanshaha bulshadu kama maarmo akhlaaq lagu wada joogo. Akhlaaqda qofka Muslinka ah laga doonayo ayaa ah abbaarta suuraddan al-Xujuraat; Suuradda Akhlaaqda.

Bulsho meesha ay ka dhisanto ama ka duntaa waa akhlaaqda. Waa tii Axmed Shawqi lahaa qoomkii dhanka akhlaaqda belo kaga dhacdo, tacsi iyo baroordiiq u samee:

$$\text{وإذا أصيب القوم في أخلاقهم}$$
$$\text{فأقم عليهم مأتماً وعويلاً}$$

Danta iyo maslaxadda ay diintu qofka u dhowrto waxaa gundhig u ah shan arrimood oo asaasi ah: dhowridda diinta, nafta, nasabka iyo sharafta, hantida, iyo caqliga. Islaamku ma oggola in lagu xadgudbo qofka diintiisa, naftiisa, sharaftiisa, hantidiisa, iyo caqligiisa toona. Mid walba axkaam iyo hannaan lagu dhowro ayuu u dejiyay. Intaana kuma joogin e, wax kasta oo isku duubnida iyo is-ahaanshaha bulshada dhaawacaya Islaamku waa uu diiday.

Suuraddan al-Xujuraat waxa ay inna baraysaa sidii aynu uga edebsan lahayn Alle iyo Rasuulkiisa. Waxay inna baraysaa in hubsiimo hal la siisto, oo aynu ka fiirsanno wararka inna soo gaadhaya ee warxumo-tashiilku ay bulshada ku kala dilayaan iskagana horkeenayaan. Waxay inna baraysaa heshiisiinta iyo nabadaynta kuwa dhibaatadu dhex marto ee isku dhaca iyo qiimaha caddaaladdu ay leedahay.

Suuraddu waxay innaga reebaysaa waxyaalaha bulshada dumiya ee kala dila:

1. Yaan la isku jeesjeesin—"ma reer hebel...kuwaa..." lama oggola.
2. Yaan la is-aflagaaddayn.
3. Yaan magacyo xun la isu adeegsan.
4. Yaan la istuhmin.
5. Yaan la isjaajuusin.
6. Yaan la isxamannin.

عَنْ أَبِي هُرَيْرَةَ - رضي الله عنه - قَالَ: قَالَ رَسُولُ اللَّهِ - صلى الله عليه وسلم - "لَا تَحَاسَدُوا، وَلَا تَنَاجَشُوا، وَلَا تَبَاغَضُوا، وَلَا تَدَابَرُوا، وَلَا يَبِعْ بَعْضُكُمْ عَلَى بَيْعِ بَعْضٍ، وَكُونُوا عِبَادَ اللَّهِ إِخْوَانًا، الْمُسْلِمُ أَخُو الْمُسْلِمِ، لَا يَظْلِمُهُ، وَلَا يَخْذُلُهُ، وَلَا يَكْذِبُهُ، وَلَا يَحْقِرُهُ، التَّقْوَى هَاهُنَا، وَيُشِيرُ إِلَى صَدْرِهِ ثَلَاثَ مَرَّاتٍ، بِحَسْبِ امْرِئٍ مِنَ الشَّرِّ أَنْ يَحْقِرَ أَخَاهُ الْمُسْلِمَ، كُلُّ الْمُسْلِمِ عَلَى الْمُسْلِمِ حَرَامٌ: دَمُهُ وَمَالُهُ وَعِرْضُهُ".

Ha isxaasidina, ha isxumaynina, ha isu cadhoonina, ha isu dhabarjeedinnina, ha loollamina... ee ahaada addoomo Ilaahay oo walaalo ah. Muslinku waa walaalka Muslinka kale oo: ma dulmiyo, ma hoojiyo oo garabkiisa kama baxo, ma beeniyo, ma xaqiro. Taqwada la isdheeryahayna waa wax laabta qofka ku qarsoon oo aan la isugu faani karin. Qofkana waxaa shar ugu filan in uu xaqiro walaalkiisa

Muslinka ah. Qofka Muslinka ahna gebi ahaantii waa ka xaaraan in uu Muslin kale ku xadgudbo, haddii ay ahaato dhiiggiisa, maalkiisa, iyo sharaftiisa.

In qabiilka la rujin waayay waxaa sabab looga dhigi karaa danaysiga siyaasiga, kelitaliska, iyo daryeel la'aanta qofku kala kulmo "qaranka". Intuba waa arrimo akhlaaqda ku lug leh, kuna xallismaya in aan akhlaaqdeenna hagaajinno oo aynu hufno.

Waxaad mooddaa in Soomaalidii tidhi: nin weyni ma wada Muslimo, ee taas gundhigga uga dhigatay sida diinta looga boodo marka aynu teenna ka arki wayno, ee aynu jiifinno, ay la hadlayso aayaddani oo ay leedahay, wixiinnu waa sheegashee weli la idin ma hayo:

$$\text{قَالَتِ الْأَعْرَابُ آمَنَّا ۖ قُل لَّمْ تُؤْمِنُوا وَلَـٰكِن قُولُوا أَسْلَمْنَا وَلَمَّا يَدْخُلِ الْإِيمَانُ فِي قُلُوبِكُمْ ۖ وَإِن تُطِيعُوا اللَّهَ وَرَسُولَهُ لَا يَلِتْكُم مِّنْ أَعْمَالِكُمْ شَيْئًا ۚ إِنَّ اللَّهَ غَفُورٌ رَّحِيمٌ ﴿١٤﴾}$$

Haddii iimaanka iyo Islaamnimadu ay innaga dhab yihiin, amarka Alle iyo Rasuulkiisu waa in ay wax kasta innaga la weynaadaan, oo aynu iyaga hor marinnaa, wax garab roorana aynaan oggolaan. Waa in aynu wanaagga iyo samaha garab dhignaa maal iyo nafba oo aynu xaqa u hiilinnaa, kana dheeraannaa wixii lid ku ah.

$$\text{إِنَّمَا الْمُؤْمِنُونَ الَّذِينَ آمَنُوا بِاللَّهِ وَرَسُولِهِ ثُمَّ لَمْ يَرْتَابُوا وَجَاهَدُوا بِأَمْوَالِهِمْ وَأَنفُسِهِمْ فِي سَبِيلِ اللَّهِ ۚ أُولَـٰئِكَ هُمُ الصَّادِقُونَ ﴿١٥﴾}$$

Alle ha innaga yeelo kuwa iimaankooda ka dhabeeya ee ka run sheega.

Gabagabo

$$\text{أَلَا يَعْلَمُ مَنْ خَلَقَ وَهُوَ اللَّطِيفُ الْخَبِيرُ}$$

Muddo dheer baynu dibjiraynay oo aynu dibbood dibadyaal ah ka ahayn diinteenniiye, ma noqonnaa?

"Isimkii Ilaah baad xilihii ka arfac yeesheene[1]
Alle haddaad taqaanniin dulmiga eegga kala jooja
Arjaca oo wixii hore tagee ahabta [2] soo raaca
Istiqfaarta iyo toobaddana laabta ka ogaada
Ikhwaa magaca laydiin baxshee eedda kala daasta
Haddii kale abaalkiinna suga aragte qaarkiise!"

—Xaaji Aadan: Miyaydaan Aqoon Diinta.

[1] Macnaha: boos kama aydaan siinnin.
[2] Ahabta: Diinta.

"Maskaxdiyo maankeenna iyo muruqa oo raaca
Oo aan kala maqnayn waa inaan midho ku beerraaye
…

Marka hore heshiis iyo midnimo galiya maankiinna
Inaad meel u wada jeesataan galiya maankiinna
Muraad qudha inaad leedihiin galiya maankiinna
Midigta iyo bidix inaad tihiin galiya maankiinna
Mataan iyo walaal inaad tihiin galiya maankiinna
Marna inaydan kala maari karayn galiya maankiinna
Inaad dawlanimo muujisaan galiya maankiinna
Mar inaan la wada gaadhi karin madax la qiimeeyo
Oo uu marba mar ku xigo galiya maankiinna
Masaawaad in loo wada tashado galiya maankiinna
Muwaafaqo inaad yeelataan galiya maankiinna
Inuu muranku halistiina yahay galiya maankiinna
Mintidnimo in loo baahan yahay galiya maankiinna
Maqaam fiicanoo lagu gamciyo meel xun labadooda
Halkaad maanta geysaan inuu magucu oollaayo
Ood ka wada masuul noqonaysaan galiya maankiinna."

— Jaamac Kediye: Masaawaad.

$$\text{إِنَّ اللَّهَ لَا يُغَيِّرُ مَا بِقَوْمٍ حَتَّىٰ يُغَيِّرُوا مَا بِأَنفُسِهِمْ}$$

Alle ma beddelo xaaladda (barwaaqo iyo belaba) dad ku sugan yihiin ilaa ay iyagu beddelaan xaaladda nafahoodu ku sugan yihiin (dhaqankooda).

DHAMBAALKA JIMCAHA – 17

26 Dulqacdah 1441
17 Julaay 2020

ADEEGE BULSHO

إِنَّ اللَّهَ يَأْمُرُكُمْ أَن تُؤَدُّوا الْأَمَانَاتِ إِلَىٰ أَهْلِهَا وَإِذَا حَكَمْتُم بَيْنَ النَّاسِ أَن تَحْكُمُوا بِالْعَدْلِ ۚ إِنَّ اللَّهَ نِعِمَّا يَعِظُكُم بِهِ ۗ إِنَّ اللَّهَ كَانَ سَمِيعًا بَصِيرًا ﴿٥٨﴾

"Inaad dawlanimo muujisaan galiya maankiinna."

—Jaamac Kediye.

Cali Ibnu Abii Daalib RC ayaa la weydiiyay sababta xilligiisu uga qalalaase iyo dhib badan yahay xilligii Abuu Bakar RC iyo Cumar RC. Wuxuu yidhi: iyaga anigaa shacab iyo shaqaale u ahaa, anigana idinkaa ii ah!

Cali yaraantiisi waxa uu ahaa halyey heegan ugu jira ka shaqaynta danta Muslimiinta. Waxa uu ahaa nin loo diro hawlaha culus. Markii qalcadihii Khaybar la gali waayay, ninkii ciidanka loo dhiibay ee Khaybar qabsaday buu ahaa. Markii Xaadib ibnu Abii Baltacah fashili gaadhay qorshihii Fatxu Makah, ee uu warqadda diray, Cali ayaa ka mid ahaa raggii loo diray inay jidka ka soo qabtaan haweenaydii warqadda sidday. Abuu Bakar iyo Cumarna isaga iyo akhyaar kale ayay ku tiirsanaayeen oo ku hawlanaa fulinta qorshayaasha iyo amarrada labada khaliif.

Hadalka Cali RC waxa uu si cad u qeexayaa ahmiyadda ay leeyihiin dadka madaxda sare la shaqaynaya ee hawlaha dawladeed fulinaya. Si kasta oo madaxdu u wanaagsan yihiin, han iyo hiraalna u leeyihiin, wax badan ma qaban karaan haddii aysan jirin dad fuliya oo qorshihii iyo hawshii meel mariya. Waa gaadhi bilaa taayirro ah. Nebigu SCW waxa uu aad ugu dedaalay tababbarka iyo carbinta saxaabada si ay u hantaan hawsha dabadii. Abuu Bakarna RC sidii ay u kala mudnaayeen ayuu u hawlgaliyay muddadii koobnayd ee uu talada hayay. Cumar RC ayaa laga dhaxlay sooyaalka ugu badan ee arrintan la xidhiidha.

Soomaali ahaan ma aynaan aqoon dawladnimo iyo hannaankeed, intii gumeysigu joogayna, in yar oo gacanyarayaal hoose ah mooyaan e, shaqaalihiisa ayuu watay. Markii xorriyad soo caraftay ee ismaamul Soomaaliyeed yimid, raggii gumeysiga kala wareegay ma lahayn heer waxbarasho wax lagu maamuli karo, iyo khibrad dawladeed toona. Ismaamulkii Soomaaliyeed ee Koonfureed, shisheeye ayaa wasaaradaha maamulayay, Soomaaliga ku magacaaban wasiirnimaduna wuxuu saxeexayay meeshii looga baahdo. Shisheeye ayaa dastuurka innoo qoray! Dhanka Waqooyina wasiirnimo 60-kii baaba ugu horreysay. Markii Ingiriisku baxay, hal sharciyaqaan Waqooyi ma joogin, sida uu Ismaaciil Cali Ismaaciil ku sheegayo buuggiisa *Governance*. Ardaydii ugu horreysay ee jaamacad ka soo qalinjabiyaana waxay Koonfur iyo Waqooyiba yimaaddeen 1957. Sharciyaqaankii iyo dhakhtarkii ugu horreeyay waxay yimaaddeen 1961.

Shaqaalihii dawladeed waxay u badnaayeen dad aan intooda badani dugsi dhexe dhaafin, amaba aan waxbarashaba soo marin, ee sidii ay gacanyarayaal u ahaayeen, wax dhaama markii la waayay la dallacsiiyay, qaarkoodna koorsooyin yaryar la siiyay markii dambe.

Markii la sameeyay machadkii tababbarkana (SIPA/ SIDAM), macallimiintu shahaado ha wataane, khibrad shaqo ma lahayn oo dhalinyaro dibadda deeq ku tagay bay ahaayeen. Arrimahani waxa ay sababeen in dawladnimadii Soomaaliyeed ay noqoto madax-ka-nool aan lahayn mashiin dawladeed oo hawlihii dawladnimo fuliya. Waa sababta hal mar dalkii u burburay, iyada oo ay jiraan dalal muddo dheer aysan xukuumadi jirin haddana aan wax adeeg ah la waayin ee wax kastaa sidoodi u socdaan.

Marar badan markaad u fiirsato dhibta aynu dawladnimada kala marayno, qabiilka ka sokow, heerka waxbarasho iyo wacyi ee hoggaanka iyo bulshadaba ee aadka u hooseeya ayaa noqonaya sabab weyn, oo waa tii Hadraawi lahaa: "Inta maanku gaajaysan yahay guuli waa weli."

Waxbarasho fiican haddii la rabo waxaa la tababbaraa macallimiin tayo leh. Caafimaad haddii la rabo dhakhaatiir aqoontiisi leh baa la raadiyaa. Haddii aynu rabno dawladnimo midhaheeda in aynu guranno, waxa aynaan ka maarmaynin hawlwadeennadeedii. Waa in aan lahaanno dad u carbisan adeegga bulshada oo leh kartidii, awooddii, aqoontii, daacadnimadii, ammaanadii, iyo xilkasnimadii ay waajibkooda ku gudan lahaayeen. Siyaasadihii dawladdu waxay noqonayaan khasaare haddaan la helin mashiinkii maamul ee meelmarin lahaa. Si kasta oo nidaam fiican loo dejiyo, guushiisa iyo guuldarradiisu dadka fulinaya ayay ku xidhan tahay.

Hablihii Nebi Muuse CS xoolaha u waraabiyay waa

kuwii aabbahood ku yidhi: Aabbe shaqaalaysii, cid la shaqaalaysiiyo waxaa ugu fiican kan awoodda leh ee aaminka ahe.

$$\text{يَا أَبَتِ اسْتَأْجِرْهُ ۖ إِنَّ خَيْرَ مَنِ اسْتَأْجَرْتَ الْقَوِيُّ الْأَمِينُ ﴿٢٦﴾}$$

Qabiilku ma aafayn oo keli ah siyaasiyiinta iyo jagooyinka sare ee dawladeed, ee dhuuxa iyo lafta ayuu ka galay dawladnimadeenna, oo shaqaalihii dawladda ee rayidka ahaa (*civil servants*) ayaa lagu xushay qabiil iyo naasnuujin, oo wasaaraddii reerku 'qayb u heleen' la dhoobay, sidii hanti ay leeyihiin. Qofkii shacab ah ee wax uga baahda xafiis dawladeedna, waxay noqotay inuu cid ka yaqaanno hadduusan reerka ahayn, ama cid kale oo u fududaysa uu raadsado si uu u helo xaqii uu lahaa. Waaba qof hanti reer leeyihiin marti ku ah. Qabiilka waxyaalaha dhidibbada u sii aasaya ayay ka mid tahay in qofku uusan uga maarmayn helidda xaqiisi muwaadinnimo.

Maadaama aynu dawladnimadii wax la qaybsado ka dhignay, xilalka cidda ku magacaaban uun baa aynu ka fekernaa. Yaa madaxweyne ah, yaa wasiir ah, yaa agaasime ah, immisa qabiilka ah baa wasaarad hebla iyo xafiis hebel jooga, meeshaa qabiilkee HAYSTA... iwm.

Maamul xumo keli ah ma aha e, waa diin xumo iyo dembi weyn in qof lagu shaqo siiyo eex qaraabannimo/qabiil iyada oo qof ka mudani uu joogo. Nebigu SCW waxa uu yidhi: Masuulkii qof shaqo u dhiiba isaga oo helaya mid ka mudan, waxa uu khiyaanay Alle iyo Rasuulkiisa.

مَنْ وَلِيَ مِنْ أَمْرِ الْمُسْلِمِينَ شَيْئًا، فَوَلَّى رَجُلًا وَهُوَ يَجِدُ مَنْ هُوَ أَصْلَحُ لِلْمُسْلِمِينَ مِنْهُ فَقَدْ خَانَ اللَّهَ وَرَسُولَهُ.

Cumarna RC waxa laga soo wariyay: qofkii masuuliyad Muslimiinta u haya ee qof shaqo ugu dhiiba kalgacayl ama qaraabannimo u dhexaysa darteed, waxa uu khiyaanay Alle iyo Rasuulkiisa iyo Muslimiinta.

مَنْ وَلِيَ مِنْ أَمْرِ الْمُسْلِمِينَ شَيْئًا فَوَلَّى رَجُلًا لِمَوَدَّةٍ أَوْ قَرَابَةٍ بَيْنَهُمَا، فَقَدْ خَانَ اللَّهَ وَرَسُولَهُ وَالْمُسْلِمِينَ.

Waxqabad dawladeed wuxuu u baahan yahay adeegayaal bulsho hawshooda u leh karti iyo karaan, kuna suntan daacadnimo iyo dadnimo, dhiifoonaan iyo dhexdhexaadnimo. *Wasiir hebeloow Ina Hebel shaqo qor reerka ha biishee* weeyaan qaabka aynu u wajahnaa. Hadhowna waa *muxuu ii taray ministarkii*. Taladeenna fuudkeedi weeyaane, intaynu bakhtiga maraqsan lahayn, ma daadinnaa oo digsi kale ma dhardhaarannaa oo hilib fayow ma falfalsannaa?

Siyaasaddu ma aha wax isdabamarin iyo khiyaano, ee waa maaraynta, agaasinka, u adeegga, iyo daryeelka dadka, diinta, iyo dalka. Si taa meel loo saaro, shaqaalaha dawladeed waa in ay siyaasadda ka dheeraadaan oo ay dhexdhexaad noqdaan. Waa in aysan la safan siyaasi ama xisbi gaar ah ee ay waajibkooda shaqo ka soo baxaan. In shaqaalaha dawladda la siyaasadeeyo waxaa ka dhalanaya in eex iyo iskadhis meeshii soo galaan, oo aqoontii iyo kartidii ay ahayd in shaqaalaha lagu xushaa ay meesha ka baxdo.

3X: Xulasho, Xannaanayn, Xisaabtan

Hannaan dawladeed oo waxtar leh, adeeggii bulshadu u baahnayd laga helo, loo siman yahay oo aan qabiil iyo hebel toona u eexan, si aynu u helno, waa lamahuraan in shaqaalaha dawladeed aysan shaqadoodu ku xidhnaan siyaasiga wasaaradda ama hay'adda kale ee dawladeed masuulka ka ah, ee ay ku yimaaddaan hannaan xulasho oo qofka ku qiimeeya aqoontiisa, awooddiisa, kartidiisa, daacadnimadiisa, xilkasnimadiisa, iwm. Cumar Ibnul Khaddaab RC waxaa shardi u ahaan jirtay in uusan xil muhiim ah u dhiibin qof reer Banuu Cadi, tolkii, ku abtirsada. Hal mid baa la soo helay in uu shaqaalaysiiyay, laakiin wiilkiisa xataa wuu u diiday. Qofkii uu shaqo u dhiibana cid tolkaa ah wax ha u dhiibin ayuu odhan jiray. Wuxuu odhan jiray: tolkaa dadka dusha ha ka saarin.

Shaqaalaha dawladdu waa in ay leeyihiin shaqo ay ku xisaabtamaan oo baahidooda daboosha, aysanna halis ugu jirin in la kala diro marka siyaasi cusub yimaaddo. Arrintani waxay keenaysaa in ay shaqada loo dhiibay daacad u ahaadaan ee aysan siyaasi gaar ah daacad u noqon. Waxaa kale oo ay ka dhowraysaa in ay musuqmaasuq iyo xatooyada hantida ummadda u baahdaan. Si kasta oo aad daacad u tahay, ilmahaaga baahidoodu wax badan baa ay kuu nugleynaysaa.

Muddo dheer ka hor ayay Shiinuhu bilaabeen in ay shaqaalaha dawladda ku xushaan imtixaan loo siman yahay. Maantana waa mid aynu u baahan nahay dalal badanna isticmaalaan. Dhib kasta oo inna haysta waxaa ka weyn midda innaga haysata dawladnimada. Markaa, waa in aynu dhalinyarteenna ugu aqoonta iyo fahmada fiican dhankan u jihayno oo ay qayb ka noqdaan hannaan dawladeed oo hufan.

Dhalinyartu in ay waxbarashadooda ku saleeyaan baahida dalka, oo ay bartaan (qasab ma aha in ay jaamacad u galaan) aqoonta lamahuraanka u ah dawladnimada ee siyaasad iyo qorshe dejin iyo fulin, iwm., ah waa muhiim. Waa in ay isxilqaamaan oo ay isdiraan aysanna sugin in la diro uun.

Dhalinyarta nadiifta ahi haddii ay ka cararaan siyaasaddan qudhuntay, waxba hagaagi maayaane way sii qudhmaysaa uun. Alle qofna ma saaro wax uusan awoodin e, waa in qof walbaa inta uu sixi karo uu qabtaa.

إِنْ أُرِيدُ إِلَّا الْإِصْلَاحَ مَا اسْتَطَعْتُ وَمَا تَوْفِيقِى إِلَّا بِاللَّهِ عَلَيْهِ تَوَكَّلْتُ وَإِلَيْهِ أُنِيبُ ﴿٨٨﴾

Qoraal uu leeyahay Ibnu Taymiyah RA, oo aan mar hore qayb ka tarjumay ayaa waxa uu kaga hadlayaa sida ay mararka qaar u noqonayso lamahuraan in gacmaha wasakh lala galo si wax loo saxo ama dhibta loo dhimo.

"Asal ahaan hoggaamiyaha waa loo qabanayaa waana lagu xisaabinayaa dulmiga uu samaynayo ee uu ku xadgudbayo xuquuqda isaga oo awooda in uu dulmiga joojiyo. Laakiin halkan waxaan leeyahay: haddii hoggaamiyuhu uusan gudan karin waajibkii jagadiisa looga baahnaa, kana tagi karin wixii laga xaaraantimeeyay, laakiin sababta uu u hayo jagadaas iyo ujeeddadiisu ay yihiin in uu hirgaliyo arrin qayrkii ayagoo awooda ay ulakac u samayn waayeen, xaaladdaa iyada ah way u bannaan tahay in uu qabto oo hayo jagadaas, waxaana dhici kartaba in ay waajib ku noqoto! Arrintaas waxaa keenaya, haddii jagadaasi ay ka mid tahay waajibaadyada la isfaray ee la rabo faa'iidadooda in la helo, qabashadeedu waxay noqonaysaa waajib ay tahay in la fuliyo.

Haddaba, haddii jagadaas haynteeda ay ka dhalato in uu maamul u dhiibo dad aan mutaysan, ama in uu qaato wax aan u bannaanayn, ama in uu xoolo siiyo dad aan xaq u lahayn, isla mar ahaantaana aysan suuragalaynin in uu joojiyo falalkaas, waxa ay soo hoos galayaan qaacidada sharciga ah ee odhanaysa: wixii la'aantiis uusan waajibku ama mustaxabku suuragalaynin, waxa uu noqonayaa waajib ama mustaxab haddii dhibka ka imanayaa uu ka yar yahay faa'iidada laga helayo arrinkaas waajibka ama mustaxabka ah.

Xataa haddii aysan jagadaasi ahayn waajib ayna wadato dulmi, qofkii qabtaana uu dulmigii oogayo oo sii wadayo, dabadeedna uu qabto qof ujeeddadiisa iyo qasadkiisu yihiin in uu yareeyo dulmigeeda, oo uu intiisa badan hor istaago isaga oo samaynaya in yar, waa arrin wanaagsan marka niyaddaasi la socoto. Sidaas oo kale, haddii uu xumaan samaynayo isaga oo niyaddiisu ay tahay in uu hor istaago mid kasii daran, waxaan leenahay waa arrin wanaagsan.

Arrimaha noocan ahna waxay ku kala geddisan yihiin niyadda iyo ujeeddada. Tusaale ahaan, haddii daalin awood lihi uu dad ku qasbo in ay bixiyaan xoolo, oo markaa nin uu dhexgalo si u dadkaas la dulmiyay uga khafiifiyo dulmiga, dabadeedna isaga oo aan dulmi uga jeedin xoolihii inta uu qaado uu daalinkii siiyo, wuxuu noqonayaa qof wanaag sameeyay (*muxsin*). Haddiise uu dhexgalo isaga oo raba in uu kaalmeeyo daalinka, wuxuu noqonayaa qof xumaan sameeyey (*musii'*).

Laakiin arrimahan intooda badan waxaa la socda niyo iyo fal xun; oo niyadda qofka waxaa xumaynaya xoolo iyo darajo raadin, falkiisana xaaraan samayn iyo waajib uu ka tagayo ayaa kharribaya, iyada oo aysan jirin wax ku kallifaya oo arrimo iska horyimid ah ama dedaal uu ku raadinayo waxa faa'iidada iyo wanaagga badan toona. Mana aha in dadkoo dhan laga rabo in ay maamul qabtaan, oo maamul-qabashadu (*wilaayah*) in kasta oo ay mar bannaan tahay (*jaa'is*), mar habboon tahay (*mustaxab*), marna ayba tahay waajib, waxaa dhici karta in ninka gaarka ah wax kale oo kaga sii waajibsan ama looga jecel yahay ay jiraan, oo markaa labada arrimood kooda khayrka badan la hor mariyo, iyada oo mar lagu hor marinayo waajibnimo marna mustaxabnimo."

"Mar inaan la wada gaadhi karin madax la qiimeeyo
Oo marba mar kale ku xigo geliya maankiinna."

—Jaamac Kediye: Masaawaad.

Cumar RC waxa uu ahaa hoggaamiye caan ku ah la xisaabtanka dadka la shaqeeya. Marka uu shaqaalaha magacaabo, hantidooda ayuu xisaabin jiray, si marka ay shaqadoodi dhammeeyaan, mar labaad loo xisaabiyo. Wixii dheef ay heleenna qayb buu ka qaadi jiray. Heer buu gaadhay uu labadii kabood mid qaato oo khasnadda dawladda geeyo. Abuu Hurayrah RC oo uu hawl u dhiibay, buu dhaqaale dheeraad ah ku arkay. Wixiiba wuu kala wareegay—walow Abuu Hurayrah sheegtay in uu leeyahay hantidaa—wuuna casilay. Markii baadhitaan lagu sameeyay ee la ogaaday in uu Abuu Hurayrah hantidaa si xalaal ah ku helay, ayuu Cumar mar kale ugu yeedhay in uu xil qabto, laakiin Abuu Hurayrah ayaa ka diiday.

Sidaa oo kale, Mucaawiyah RC oo Shaam joogay baa xajkii ugu yimid. Cumar wuxuu arkay Mucaawiyah oo qurux iyo dhalaal ka muuqdaan. Wuu canaantay markuu arkay, Mucaawiyana wuxuu isku difaacay in dhulkaasi leeyahay xamaamyo lagu qubaysto iyo degaanno jidhka u roon ee uusan wax kale samayn. Cumar wuxuu yidhi: intaad cuntadii ugu wacnayd isugu roonaatay, barqo dheerna soo kacdid, baad dadka danta kaa lehna ku haysaa albaabka oo ay ku sugaan; yacnii waad iska raaxaysanaysaa halkaad dadka u adeegi lahayd.

Waxaa kale oo uu casili jiray ciddii shacabku ka soo dacwoodaan ama soo eedeeyaan, isaga oo og in aysan xaq u lahayn eeddaas, laakiin dhowraya dareenkooda oo ku dedaalaya in xidhiidh wanaagsani ka dhexeeyo taliyaha iyo lootaliyaha. Sacad Ibnu Abii Waqaas RC oo reer Kuufah (Ciraaq) dhaheen salaadda ma tukan yaqaanno buu casilay. Waa dhallaankii hooyadood dhalmada baray! Dadkii ugu horreeyay ee salaad tukada iyada oo aan waajib laga dhigin, buu Sacad ka mid ahaa.

Si joogto ah ayuu Cumar RC isha ugu hayn jiray shaqaalaha, sannad kastana in ay warbixin u keenaan ayuu ku amrayay. Socotadii uu arko wuxuu weydiin jiray meeshay ka yimaaddeen iyo sida ay madaxda dawladdu ula dhaqanto shacabka. Bukaanka ma soo booqdaa? Dadka tabarta daran siduu yeelaa? Albaabkiisa ma fadhiistaa? Haddii ay mid *maya* dhahaan wuu casili jiray!

Haddii ay shaqaalaha dawladdu dulmi ku kacaanna, wuu ka goyn jiray eex la'aan. Cid sharciga ka sarraysaa ma jirin. Wuxuu odhan jiray: uma shaqaalaysiin in ay jidhkiinna garaacaan, sharaftiinna caayaan, hantidiinnana qaataan e, qofkii uu shaqaaluhu ku xadgudbaa ha ii soo sheego si aan ugu aargudo.

Waxaa la sheegaa in oday meel dheer ka soo safray Madiina yimid oo raadiyay Cumar RC isaga oo ka cabanaya in la dulmiyay. Waa kaas go'a barkan ee halkaa jiifaa la yidhi inta loo tilmaamay. Wuu u qaadan waayay. Amiirkii Mu'miniintaan raadinayaa buu yidhi. Waxaa la yidhi waa kaas. Odaygii oo niyadjabsan oo isleh safarkii iyo hantidii kaaga baxday khasaare weeyaan oo ninkaa isagiiba "dayacan" waxba kuu qaban maayo, ayaa Cumar u yimid oo dacwaddiisi u sheegtay. Cumar wuxuu qaatay harag agtiisa yaallay gacantiisa ayuuna ku qoray: odaygan xaqiisa ha la siiyo haddii kale waxaan soo dirayaa cid xaqiisa u dhicisa. Odaygii mar kale ayuu qoomamooday. Oo haraggan yaa iga aqbalaya, ma intaan safarkaa dheer ee dhibta badan soo galay oo hanti iga baxday baan intan la noqdaa? In uu tuurana wuu ku sigtay. Laakiin markii uu meeshii tagay, ninkii shaqaalaha ahaana u dhiibay farriintii, isaga oo aan fadhiisan baa loo dhammeeyay dantiisi. Halkii buu yaab la yidhi: Wallee waa tan boqornimo, waana tan amar qaadashadu, waxaan hore u aragnayna ma aha!

Shaqaalaha dawladdu waxay u baahan yihiin in lagu korjoogteeyo shaqadooda, si joogto ahna loogu carbiyo xilgudashadooda, sida askartuba ay carbis joogto ah ugu jiraan. Waa in lagu tababbaraa akhlaaq wanaagsan, caddaalad, masuuliyad, waddaniyad, hidde iyo dhaqan Soomaalinnimo. Waddanka Shiinaha ilaa madaxweynuhu sannadkiiba saacado tababbar oo ay qasab tahay in ay dhammeeyaan baa ay leeyihiin.

Waa in laga dheereeyaa wax kasta oo dhaawici kara in ay lumiyaan kalsoonida bulshada ay u adeegayaan, sida eex qabiil, mid siyaasadeed, hadyad qaadasho, iyo musuq. Hadyaddu waa ka xaaraan shaqaalaha, sida uu Nebigu SCW yidhi: Hadyadda shaqaaluhu waa khiyaano.

هدايا العمال غلول.

Ninkii Nebigu SCW sakada soo ururinteeda u diray, ee yidhi intaana idinkaa leh intanna waa la ii hadyeeyay, Nebigu SCW wuxuu ku yidhi: maad guriga aabbahaa iyo hooyadaa fadhidid bal in wax laguu soo hadyeeyo!

Gabagabo

"Hawlaha arlada
Haddii lagugu aammino
Waddanka u shaqee iyo

Adeegaa lagaa dhigo
Hays odhannin
Cidi kuma arkaysee
Afka buuxso!

Hays odhannin
Cidi kuma arkaysee
Ina adeerso!

Hays odhannin
Cidi kuma arkaysee
Qalin ku aarso!

Hays odhannin
Cidi kuma arkaysee
Aqallo jeexo!

Nin xilqaaday
Eed qaadyee!"

—Cali Sugulle.

إِنَّ اللَّهَ لَا يُغَيِّرُ مَا بِقَوْمٍ حَتَّىٰ يُغَيِّرُوا مَا بِأَنْفُسِهِمْ

Alle ma beddelo xaaladda (barwaaqo iyo belaba) dad ku sugan yihiin ilaa ay iyagu beddelaan xaaladda nafahoodu ku sugan yihiin (dhaqankooda).

DHAMBAALKA JIMCAHA – 18

03 Dulxajah 1441
24 Julaay 2020

HADDA IYO DAN

وَلَا تَسْتَوِى الْحَسَنَةُ وَلَا السَّيِّئَةُ ادْفَعْ بِالَّتِى هِىَ أَحْسَنُ فَإِذَا الَّذِى بَيْنَكَ وَبَيْنَهُ عَدَاوَةٌ كَأَنَّهُ وَلِىٌّ حَمِيمٌ ۝ وَمَا يُلَقَّاهَا إِلَّا الَّذِينَ صَبَرُوا وَمَا يُلَقَّاهَا إِلَّا ذُو حَظٍّ عَظِيمٍ ۝

"Allow yaa Ilaahay dartii dib u heshiisiiya."

—Abshir Bacadle.

Nebigu SCW isaga oo aan dhalan ayuu aabbihii Cabdillaahi dhintay. Muddo yar ka dibna waxaa geeriyootay hooyadii. Ka dibna waa tii awoowgii Cabdulmuddalib kafaala qaaday ilaa uu isna Allaystay. Masuuliyaddii korintiisuna waxay ku wareegtay adeerkii Abuu Daalib.

Nebigu SCW noloshaa marba qofkii ugu dhowaa uu waayayay ayuu ku koray. Waa nolol aan saldhig iyo negaasho dheer lahayn, waxaadna mooddaa in xaqiiqada nolosha iyo sida ay dhalanteed u tahay in uu fahmo Alle ku barayay.

Nebiga SCW noloshiisi hore iyo barbaariddiisi sidaas ayay ugu tiirsanaayeen adeerkii. Markii uu guursadayna, waxaa garab labaad u noqotay Khadiijah RC. Waa tii isaga oo ka argaggaxsan kulankii Jibriil ee Qaarul Xiraa oo leh naftaydaan u baqayaa, dejinaysay, qalbiga u adkaynaysay ee lahayd: Wallee Alle ku hoojin maayo weligaa oo qaraabadaad xidhiidhisaa, dhibbanahaad gargaartaa, saboolkaad waxtartaa, martidaad soortaa, wanaaggaad garab istaagtaa... ka dibna u geysay qofkii keli ahaa ee Makah joogay ee waxa dhacay in uu fahansiin karo ay ku tuhmaysay—inaadeerkeed Waraqah ibnu Nawfal.

لَقَدْ خَشِيتُ عَلَى نَفْسِي فَقَالَتْ خَدِيجَةُ: كَلَّا وَاللَّهِ مَا يُخْزِيكَ اللَّهُ أَبَدًا، إِنَّكَ لَتَصِلُ الرَّحِمَ، وَتَحْمِلُ الكَلَّ، وَتَكْسِبُ المَعْدُومَ، وَتَقْرِي الضَّيْفَ، وَتُعِينُ عَلَى نَوَائِبِ الحَقِّ.

Intii Nebigu SCW dacwada waday waxaa garab iyo gaashaan iyo ilaalaba dibadda uga ahaa Abuu Daalib oo aan Qurayshi u gacan dhaafi karin, marar badanna waa kuwii isku dayay in ay Abuu Daalib ku qanciyaan in uu u gacangaliyo. Guriga marka uu joogana Khadiijah RC ayaa garab u ahayd oo uu taageeradeeda cuskanayay.

Markii xaaladdu ku adkaatay Nebiga SCW iyo saxaabadii, ee reer Banuu Haashim lagu go'doomiyay Goshii Abuu Daalib, si aan gaadmo loogu dilin Nebiga SCW, Abuu Daalib waxa uu ka beddelan jiray meesha uu seexanayo. Khadiijana waa ay la joogtay oo noloshaa adag ayay la qaybsanaysay.

Laakiin looma dayn e, sannadkii tobnaad ayay dhawr maalmood gudahood adduunka ka faaruqeen Khadiijah iyo Abuu Daalib, Nebiguna SCW uu ku waayay labo garab oo uu ku tiirsanaa. Waa sannadka la magac baxay *Caamul Xuzni*—Sannadkii Murugada.

Murugadii geeridooda waxaa u raacday mushrikiintii

oo ku sii dhiirraday dhibtii ay ku hayeenna aad u sii kordhiyay, ilaa uu ku qasbanaaday in uu baadigoobo meel uu magangalo.

Markii mugdigii iyo murugadii bateen, ee ay u muuqatay in albaabbadii soo xidhmeen, fursadihii samatabaxuna soo yaraadeen, xilligaa adag, ayaa Alle u dhigay cashar muhiim ah oo uu ku tilmaamay '*axsanal qasas*'. Nebiga SCW waxaa ku soo degtay suuratu Yuusuf oo ay ku dhan tahay qisada Nebi Yuusuf CS: dhibtii uu maray, sidii uu uga fal celiyay, iyo samatabixii uu silicii soo maray kaga maydhay.

Waxaa la tusay wiil yar oo walaalihii xaasideen ka dibna god ku rideen, oo inta dad heleen ay addoon ahaan u iibiyeen, ka dibna haweenaydii uu gurigeeda joogay ay damaaciday oo ay xabsi dheer u horseedday. Walaalladii oo u soo baahday (la tuuraaba la tuugee), sidii uu ula dhaqmay, iyo sidii uu qoyskoodi kala daatay mar kale isugu soo dumay ee dib ugu habeeyay.

Al-Kariim ibnul Kariim ibnul Kariim ibnul Kariim Yuusuf ibnu Yacquub ibnu Isxaaq ibnu Ibraahim CS

Nebi Yuusuf CS waxa uu inna barayaa in samatabaxu u baahan yahay cafis iyo in aan la wada qasan; la kala aargoosan, in afka iyo addinka laga dhowro wixii isu soo dhowaanta dhaawacaya... Wuxuu yaqiinsanaa in qoyskiisaa sharafta leh ee nebiyada ah haddii xin, xasad, iyo nacayb sidaa u kala geeyay, dhibtaana dhaxalsiiyay, sida keli ah ee lagaga gudbi karaa ay tahay cafis.

"Nin walaalkii geed ugu jiraa, geesi noqon waaye."

—Cabdillaahi Suldaan Timacadde.

Madiinah, Bucaath, iyo Hijradii

Nebiga SCW iyo saxaabadii waxay rafaadkii mushrikiinta Makah kaga badbaadeen oo ay u qaxeen Madiinah oo markan iyaduna xasillooni ay heshay ku doogsatay ka dib dagaal 40 sannadood ka dhex aloosnaa Aws iyo Khasraj, kaas oo ka bilowday labo halaad oo tartamay oo middii dheeraysay la dilay! Maalintii Bucaath ayay gam iska dhigeen oo odayadoodi intii badnayd ay adduunka ka huleeleen. Waa saddex sano hijrada horteed. Dani waxay ku qasabtay in ay isdabo qabtaan oo ay heshiiyaan wixii horana meel iska dhigaan. Iyaga oo taas guddoonsaday, Cabdullaahi ibnu Ubay ibnu Saluulna u diyaarinaya in ay boqor u caleemasaartaan ayuu Nebigu SCW yimid goobtii oo uu Islaamku nabaddaa salka dhigtay.

Markii dambana Nebigu SCW aad ayuu isha ugu hayn jiray wax kasta oo dhalin kara in heshiiskaa Aws iyo Khasraj dhaawacmo, waxaana labadoodii laga dhigay Ansaar, magacaas oo u noqday baadisooc iyo astaan midaysa, kana gudbisa wixii dhex maray.

Xoreyntii Makah

Nebigu SCW markii uu Makah shirkigii ka xoreeyay, ee mushrikiintii laga awood batay, kama aargudan, lamana xisaabtamin. "Maxaad filaysaan inaan idin ku samayn doono?" Ayuu weydiiyay iyaga oo cabsi beerka goysay, markaas ayay ku jawaabeen hadallo beerlaxawsi ah iyo 'walaal sharaf leh baad tahay'.

Suubbanaha SCW dhaqankiisi markii Caa'isha RC la weydiiyay waa tii tidhi: Dhaqankiisu wuxuu ahaa Qur'aanka. Kow iyo toban sano ka hor suuraddii ku soo degtay ee Nebi Yuusuf CS bartay waa tii ay ku jirtay in uu walaalihii ugu jawaabay: Maanta canaan korkiinna ma ahaan e, Alle ha idiin dembi dhaafo,

$$قَالَ لَا تَثْرِيبَ عَلَيْكُمُ الْيَوْمَ ۖ يَغْفِرُ اللَّهُ لَكُمْ ۖ وَهُوَ أَرْحَمُ الرَّاحِمِينَ ۝$$

Sidaa si la mid ayuu yeelay Nebigu SCW, mushrikiintiina waa kii yidhi: Orda waad fasaxan tihiin e.

$$اذهبوا فأنتم الطلقاء.$$

Hinda bintu Cutbah oo isleh dilkii iyo beerkii Xamse ee aad cuntay baa lagaa goyn doonaa, waa tii soo dhuumatay ee iyada oo baycadii dumarka ee suuratul Mumtaxanah galaysa uu Nebigu SCW gartay. Waxna looma qabsan e, Nebiga SCW iyo Cumar RC oo la joogayba way qosleen uun.

Wixii dhib Muslimiintii tabarta yaraa Makah loogu

geystay, duullaannadii Madiinah lagu soo qaaday, iyo wixii dhib kale loo geystay, kama aysan aargudan e bog cusub oo cafis iyo "hadda iyo dan" ay ku qoran tahay baa la rogay.

Dhawr nin oo dhibtoodii laga fadhiisan waayay ayaa cafiskaa laga reebay, waxaana ka mid ahaa wiilkii Abuu Jahal ee Cikrimah oo markii aabbihii Beder lagu dilay isagu booskiisi galay. Nebigu SCW wuxuu yidhi dhiiggoodu waa hadur meeshii laga helana ha la dilo. Xaaskiisi oo soo islaantay ayaa Nebiga SCW u tagtay oo ka codsatay in la cafiyo. Nebigu SCW ma odhan waxan iyo waxaasuu sameeyay, sooyaalkii Cikrimana ma soo qufin e, codsigeedi markiiba waa uu ka aqbalay. Way oroddayoo Cikrimah oo baxsad ah bay ka dabo tagtay. Isaga oo doon Yaman u raaci raba ayay gaadhay oo ay tidhi soo noqo lagu cafiye.

Nebigu SCW saxaabadii buu la sii dardaarmay: Waxaa idiin iman doona Cikrimah ibnu Abii Jahal oo mu'min ah soona hijrooday e, aabbihii ha caayina, maytida oo la caayaa ka nool ayay dhibtaa maydkase ma gaadho. Markii Cikrimah u yimidna Nebigu SCW fadhiga intuu ka booday ayuu si farxad leh u soo dhoweeyay: marxaban muhaajirkiiyoow!

يَأْتِيكُمْ عِكْرِمَةُ بْنُ أَبِي جَهْلٍ مُؤْمِنًا مُهَاجِرًا، فَلَا تَسُبُّوا أَبَاهُ، فَإِنَّ سَبَّ الْمَيِّتِ يُؤْذِي الْحَيَّ، وَلَا يَبْلُغُ الْمَيِّتَ.

Cikrimihii ina Abuu Jahal ahaa ee mar dhiiggiisa hadur laga dhigay, isaga oo jihaadaya ayuu shahiiday khilaafadii Abuu Bakar RC.

Cafiskaas iyo isu dumiddaas ayuu Nebigu SCW ku dhisay bulsho aan mid la mid ahi dunidan soo marin, soona mari doonin, innagana waxaa la inna faray in aan ku dayanno tusaalihiisa.

"Dhaqankiisu wuxuu ahaa Qur'aanka."

كان خلقه القرآن.

Qur'aanku waa kii uu Nebigu SCW lahaa: waxaan idiin ka tagay wax haddii aad raacdaan aydaan lumayn— Kitaabka Alle.

وَقَدْ تَرَكْتُ فِيكُمْ مَا لَنْ تَضِلُّوا بَعْدَهُ إِنِ اعْتَصَمْتُمْ بِهِ؛ كتاب الله تعالى.

Cafiska iyo saamaxaaddu qayb weyn ayay Qur'aanka kaga jiraan:

الَّذِينَ يُنْفِقُونَ فِي السَّرَّاءِ وَالضَّرَّاءِ وَالْكَاظِمِينَ الْغَيْظَ وَالْعَافِينَ عَنِ النَّاسِ وَاللَّهُ يُحِبُّ الْمُحْسِنِينَ ﴿١٣٤﴾

وَأَنْ تَعْفُوا أَقْرَبُ لِلتَّقْوَى

وَلْيَعْفُوا وَلْيَصْفَحُوا

وَلَا تَسْتَوِي الْحَسَنَةُ وَلَا السَّيِّئَةُ ادْفَعْ بِالَّتِي هِيَ أَحْسَنُ فَإِذَا الَّذِي بَيْنَكَ وَبَيْنَهُ عَدَاوَةٌ كَأَنَّهُ وَلِيٌّ حَمِيمٌ ﴿٣٤﴾ وَمَا يُلَقَّاهَا إِلَّا الَّذِينَ صَبَرُوا وَمَا يُلَقَّاهَا إِلَّا ذُو حَظٍّ عَظِيمٍ ﴿٣٥﴾

فَمَنْ عَفَا وَأَصْلَحَ فَأَجْرُهُ عَلَى اللَّهِ إِنَّهُ لَا يُحِبُّ الظَّالِمِينَ ﴿٤٠﴾ وَلَمَنْ صَبَرَ وَغَفَرَ إِنَّ ذَلِكَ لَمِنْ عَزْمِ الْأُمُورِ ﴿٤٣﴾

فَاصْفَحِ الصَّفْحَ الْجَمِيلَ ﴿٨٥﴾

فَاعْفُ عَنْهُمْ وَاصْفَحْ إِنَّ اللهَ يُحِبُّ الْمُحْسِنِينَ ﴿١٣﴾

Axaadiistii Nebigana SCW waxaa ka mid ah:

Qofkii wax cafiya Alle waxa uu ugu kordhiyaa sharaf.

وما زاد الله عبداً بعفو إلا عزاً.

Qofkii dulmi lagu sameeyay cafiya, Alle waxa uu ugu kordhiyaa sharaf maalinta Qiyaamaha.

ولا يعفو عبد عن مظلمة إلا زاده الله بها عزًّا يوم القيامة.

Labo sano ka dib xorayntii Makah, Xajkii Sagootinta khudbaddii uu Nebigu SCW ka jeediyay, waxyaalihii uu ku dardaarmay waxaa ka mid ahayd: Wax kasta oo Islaamka hortii dhacay waa cagtayda hoosteeda: dhiiggii (aano) jaahiliyadu wuu buray, dhiigga ugu horreeya ee aan burinayaana waa kii Ina Rabiicah ibnul Xaarith oo isaga oo ay Banii Sacad naasnuujiyaan ay Hudayl dishay. Ribadii jaahiliyaduna waa ay burtay, ribada ugu horraysa ee aan burinayaana waa ribadii Cabbaas ibnu Cabdilmuddalib— kulligood way bureen.

أَلَا كُلُّ شَيْءٍ مِنْ أَمْرِ الْجَاهِلِيَّةِ تَحْتَ قَدَمَيَّ مَوْضُوعٌ ، وَدِمَاءُ الْجَاهِلِيَّةِ مَوْضُوعَةٌ ، وَإِنَّ أَوَّلَ دَمٍ أَضَعُ مِنْ دِمَائِنَا دَمُ ابْنِ رَبِيعَةَ بْنِ الْحَارِثِ ، كَانَ مُسْتَرْضِعًا فِي بَنِي سَعْدٍ فَقَتَلَتْهُ هُذَيْلٌ ، وَرِبَا الْجَاهِلِيَّةِ مَوْضُوعٌ ، وَأَوَّلُ رِبًا أَضَعُ رِبَانَا رِبَا عَبَّاسِ بْنِ عَبْدِ الْمُطَّلِبِ ، فَإِنَّهُ مَوْضُوعٌ كُلُّهُ،

Nebigu SCW waxa uu sii xoojiyay arrintaa cafiska iyo in wixii hore u dhacay ee la kala tirsanayay—aano ha ahaato, hanti maqan oo booli ah ha ahaato…—ay halkaa ku baaba'een oo aysan wax-ka-soo-qaad lahayn maalintaa ka dib. Waxa uu ka bilaabay wixii reerkiisa ka maqnaa in uu cafiyo oo buugga ka masaxo, si uu tusaale u noqdo.

Rabiicah waa Nebiga SCW inaadeerkii, wiilka la dilayna Nebigu SCW adeer ayuu u ahaa. Cabbaasna waa Nebiga SCW adeerkii.

Sida uu Alle SWT u yidhi:

لَقَدْ كَانَ لَكُمْ فِي رَسُولِ اللَّهِ أُسْوَةٌ حَسَنَةٌ لِمَنْ كَانَ يَرْجُو اللَّهَ وَالْيَوْمَ الْآخِرَ وَذَكَرَ اللَّهَ كَثِيرًا ﴿٢١﴾

… ayuu Nebigu SCW innoogu dhigayaa tusaale cad. Qoyskiisa wixii ka maqnaa ayuu ka bilaabay in uu tirtiro, si ay tusaale ugu noqoto dadka kale oo aysan u dhego adaygin.

Imaam Nawawi marka uu xadiiskan Saxiixul Muslimka ku sharxayo waxa uu leeyahay: hoggaamiyaha iyo dadka kale ee wanaagga faraya, xumahana reebaya, waxaa laga rabaa in ay naftooda iyo ehelkooda ka bilaabaan, taas ayaana u dhow in si qalbi samaan ah looga aqbalo.

Sidaa uu Nebigu SCW hal mar wixii horaba cagta hoosteeda u mariyay ee u tirtiray, si la mid ah in aan yeelnaa waa lagama-maarmaan. Wixii dhacay dhacee, hadda iyo dan.

Khudbaddaa Nebiga SCW sannadguuradeedii kun iyo afar boqol iyo soddon iyo koowaad waxaa innaga xiga 6 maalmood oo waa maalinta Carafa.

Alle SWT markii uu qoyskii Yuusuf CS ka hadlayay, ee inta Ibraahiim CS uu ka soo bilaabay, Ismaaciil CS ku xejiyay, ee dardaarankii Ibraahiim iyo Yacquub ilmahooda uga tageen innoo sheegay, waxa uu ku soo gabagabeeyay:

$$\text{تِلْكَ أُمَّةٌ قَدْ خَلَتْ ۖ لَهَا مَا كَسَبَتْ وَلَكُم مَّا كَسَبْتُمْ ۖ وَلَا تُسْأَلُونَ عَمَّا كَانُوا يَعْمَلُونَ ﴿١٣٤﴾}$$

Dadkaasi adduunka faaruqiye, wixii ay fasheen ayayna leeyihiin oo lagu xisaabinayaa aakhiro, idinkuna waxaad leedihiin wixii aad fashaan oo la idin ku xisaabinayaa e, wixii ay kuwaa hore sameeyeen la idin weydiin maayo.

"Gudbe maalmahoodii!"—Yamyam.

Bulsho isxasdaysa; bulsho isdhagraysa; bulsho aano iyo eex kala tirsanaysa... marna gartooda lagama dhammaan karo haddii ilaa Qiyaamaha la wado. Waxaa loo baahan yahay in mar hoosta laga xarriiqo diiwaankii wax la isugu qorayay muddada dheer, oo bog iyo baal cusub la rogo, wixii horana sidaa loo laabay xisaabtana looga saaro, baalkaa cad ee madhanna hadda wanaag, caddaalad, sinnaan, walaalnimo, wada noolaansho, is-ahaansho, wax wada lahaansho,... lagu qoro far WAAWEYN.

إِنَّ اللَّهَ يَأْمُرُ بِالْعَدْلِ وَالْإِحْسَانِ وَإِيتَاءِ ذِي الْقُرْبَىٰ وَيَنْهَىٰ عَنِ الْفَحْشَاءِ وَالْمُنكَرِ وَالْبَغْيِ ۚ يَعِظُكُمْ لَعَلَّكُمْ تَذَكَّرُونَ ۝

Waa in aan Alle taqwadiisa ilaalinnaa meel kasta oo aynu joogno, xumihii innaga dhacayna aynu wanaag biyaraaciya ka dabo geynaa, dadkana aynu wanaag kula dhaqannaa.

اتقِ اللهَ حيثما كنت، وأتبعِ السيئةَ الحسنةَ تمحُها، وخالِقِ الناسَ بخلقٍ حسنٍ.

Gabagabo

Khudbaddii Xajkii Sagootinta Nebigu SCW waxa uu ku sheegay in uu innooga tagay wax haddii aynu qabsanno aynaan lumayn—Kitaabka Alle, Sarreeye.

وَقَدْ تَرَكْتُ فِيكُمْ مَا لَنْ تَضِلُّوا بَعْدَهُ إِنِ اعْتَصَمْتُمْ بِهِ؛ كتابُ الله تعالى.

Maanta Nebigii SCW ma joogo, laakiin Kitaabkii Alle ee uu innooga tagay, iyo sunnadiisi oo aan mugdi ku jirin, ayaynu haysannaa.

Haddaba, innaga maxaa maanta inna la gudboon? Qur'aankii ma ku dhaqmaynaa? Sunnadii Nebiga SCW ee la inna amray in aan raacno ma raacaynaa?

Maxaan samaynaa?

$$وَلَا تَزِرُ وَازِرَةٌ وِزْرَ أُخْرَىٰ$$

Qof walba keligii baa la xisaabinayaaye, adigu iska bilow. Bog cusub rog. Wixii hore '*tooba Yaa Rabbi*' dheh, wanaag tirtirana ka dabo gee, hadda wixii ka dambeeyana wanaaggu ha kuu suntanaado.

$$إِنَّ اللَّهَ لَا يُغَيِّرُ مَا بِقَوْمٍ حَتَّىٰ يُغَيِّرُوا مَا بِأَنْفُسِهِمْ$$

Alle ma beddelo xaaladda (barwaaqo iyo belaba) dad ku sugan yihiin ilaa ay iyagu beddelaan xaaladda nafahoodu ku sugan yihiin (dhaqankooda).

Aan isbeddelno "Ama aynu xugnaanoo sidii xoon shiniyeed hadba xayn ha la aaso."

— Axmed Qonof: Xagga Loo Kici Maayo.

GUNAANAD

"Halgankiyo midnimadiyo
Raggii calanka soo mudey
An baroorannee maye?

Mataaneynti Qarankiyo
Haddii magicii naga lumay
Maxay noloshu noo tahay
Kolley mowdku waa gare
Nafta maysku aasnaa!?

Haddaan weynay maan iyo
Aqli noo maqoorada[1]
Ma inaan *gob* nahay baan
Martidiyo shisheeyaha
'*Masawira*' niraahnaa!?

Nin waliba muraad lehe
Inuu qoys maciin bido
Majarihii Xorriyadduna
Ka habaabo marrinkii
Maangaabnimaa lehe
Marna mays tiraahdeen
'Hanta labada kii mudan!?'

---

1 "Moqoorada: Waa qaybinta wax la kala qaybsado."

Waagii mudnaantiyo
Wasiir magac ku faanaa
Baabuur madow iyo
Muraayadaha xiran jirey
Meelaha nacfiga lana
Loo kala hor mari jirey
Maareeyana la noqon jirey
Gudbe maalmahoodii!

Waxaa timid marxalad adag
Oo maamul sare iyo
Ninka madax u ciil qaba
Mas'uuliyad uu qaadiyo
Kow dhaar la mariyaa
Tahay miiskii soo gado
Musuqana dil baad tahay
Mushaar ma lihid
Shaqaduna maqrib iyo ilaa subax
Ilaa Qaranka maydka ah
Lagu hubiyo meel wacan!

Wax jiraa muraayade
Halkaasay maraysaa!"

—Yamyam: Bandhiggii Tiiraanyada.

"Dhabbahaan marayniyo libtuna way isu
    dhawdahaye
Isxilqaanka noo dhimman maxaan uga
    dhabcaalownay?
...
Ma dad dhoohan baan nahay maxaan taa la dhugan
    weynay?"

—Dhoodaan: Dhugasho.

"Cirkoo da'aya oo meel dalsana Daayin ku abbaaray
Oo sagalku daafaha ka xiray dirirka roobeeya
Oo seermaweydiyo dihine lagu dul joogteeyay
Oon dhibicdu danabiyo lahayn jac iyo duufaanno
Oo karartu darandoorrisaye dayatay raadkeeda
Oo kii horoo da'ay nimcadu dulundulcaynayso
Oo dalaggu noo soo baxayee darar la maalaayo
Iyo waxay nafluhu doonayaan dibuheshiisiine
Fursad dahabiyaa idin hor taal doqoni waa mooge

Daruur hoodhay daadkoo rogmaday tog iyo dooxooyin
Oo doogga baarka leh xareed dacalka loo saaray
Oo deris biyood waa rahee dananayoo riimay
Oo daaqa meeshaa ku yaal damacda laabtaadu
Oo haadka kaymaha dugsaday hoos u degi waayay
Oo aan sabaankiyo la degin gugiyo dayrtiisa

Oo sahanku doorbiday inuu awrka kaga daadsho
Oo aan dugaag lagu ogeyn dacawo mooyaane
Iyo waxay nafluhu doonayaan dibuheshiisiine
Fursad dahabiyaa idin hor taal doqoni waa mooge"

—Abshir Bacadle.

RAADRAAC

Musbaaxa Taariikhda 1

Taariikhda Afka iyo Bulshada Soomaaliyeed, Cabdalla Mansuur.
Hal Aan Tebayey, Maxamed Baashe.
The German Genius, Peter Watson.
The Shortest History of Germany, James Hawes.
Germania, Simon Winder.
The Invention of Germany, BBC Radio 4.

Musbaaxa Taariikhda 2

Hal Aan Tebayey, Maxamed Baashe X. Xasan.
The English and Their History, Robert Tombs.
A Short History of England, Simon Jenkins.

Musbaaxa Taariikhda 3

Hal Aan Tebayey, Maxamed Baashe X. Xasan.
Somalia: The Untold History, Mohamed Trunji.
Governance, The Scourge and Hope of Somalia, Ismail Ali Ismail.
Somali Nationalism, Saadia Touval.
Somali History: 1960 - 1991, Dr Mohamed-Rashid Sheikh Hassan.
Halgankii Loo Galay Qoridda Af-Soomaaliga, Sharif Salax Maxamed Cali.
Abdirizak Haji Hussein,...A Political Memoir, edited by

Abdisalam Issa-Salwe.
Xusuusqor, Timelines of Somali History (1400-2000), Farah M. Mohamed.
The Cost of Dictatorship, Jama Mohamed Ghalib.

Musbaaxa Taariikhda 4

Hal Aan Tebayey, Maxamed Baashe X. Xasan.
Hal Tisqaaday, Maxamed Baashe X. Xasan.
Somalia: The Untold History, Mohamed Trunji.
Governance, The Scourge and Hope of Somalia, Ismail Ali Ismail.
Somali Nationalism, Saadia Touval.
Xusuusqor, Timelines of Somali History (1400-2000), Farah M. Mohamed.
Taariikhda Soomaalida, Xogogaalnimo u badan, Jaamac Maxamed Qaalib.
The Cost of Dictatorship, Jama Mohamed Ghalib.
Africa's First Democrats, Abdi Ismail Samatar.

"War yaan laydin dabargoyn"

Hal Aan Tebayey, Maxamed Baashe X. Xasan.
Hal Tisqaaday, Maxamed Baashe X. Xasan.
Qaran iyo Qabiil: Laba aan is qaban, Rashiid Sheekh Cabdillaahi.
The Origins of Political Order, Francis Fukuyama.

Adeege Bulsho

Governance: The Scourge and Hope of Somalia, Ismail Ali Ismail.
Hal Tisqaaday, Maxamed Baashe X. Xasan.
دراسة نقدية في المرويات الواردة في شخصية عمر بن الخطاب، عبد السلام بن محسن آل عيسى.
مجموع الفتاوى- ابن تيمية
السياسة الشرعية في إصلاح الراعي والرعية- ابن تيمية

Hadda iyo Dan

شرح صحيح مسلم - النووي
البداية والنهاية - ابن كثير
المستدرك على الصحيحين - الحاكم

www.ingramcontent.com/pod-product-compliance
Lightning Source LLC
Chambersburg PA
CBHW030304100526
44590CB00012B/520